VERESİYE DEFTERİNDEN ZİRVEYE

TUĞÇE IŞINSU

Feniks Kitap
Kişisel Gelişim

VERESİYE DEFTERİNDEN ZİRVEYE
Tuğçe Işınsu

Grafik Tasarım: ademsenel.com

1. Baskı: Aralık 2023

Baskı ve Cilt: Yıldız Mücellit Mat. ve Yay. San. Tic. A.Ş.
Maltepe Mah. Gümüşsuyu Cad. Dalgıç Çarşısı No: 3/4
Davutpaşa/İstanbul • Sertifika No: 46025

ISBN: 978-625-94185-0-6

Feniks Kitap
Alemdar Mah. Çatalçeşme Sok.
No: 46/A 34110 Cağaloğlu-İstanbul
Tel: (0212) 514 57 87 • Faks: (0212) 512 09 14
fenikskitap.com
facebook.com/feniksyayinevi
instagram.com/fenikskitap
twitter.com/feniksyayinlari

VERESİYE DEFTERİNDEN ZİRVEYE

TUĞÇE IŞINSU

TUĞÇE IŞINSU

Spiritüel Danışman, Yazar

FMV Özel Işık Lisesi ve İstanbul Üniversitesi, İngiliz Dili ve Edebiyatı mezunu olan **Tuğçe Işınsu**, 11 yıl süren reklam yazarlığı kariyerinin ardından doğuştan sahip olduğu psişik güçleri ve aldığı spiritüel eğitimlerle Spiritüel Danışmanlık yapmaya başlamıştır. Kendi sunduğu ve konuk olarak katıldığı yüzlerce televizyon programında Bilinçaltı, Bereket, İlişkiler, Spiritüel Akımlar, Mistisizm, Enerji Çalışmaları, Şifalanma Yöntemlerini tüm Türkiye'ye ve dünyaya tanıtan **Tuğçe Işınsu**, yüz binlerce okura ulaşan 12 kitabın da yazarıdır. Kitapları, Türkiye'de ve dünyanın farklı ülkelerinde en çok satanlar listesinde zirveye çıkmış ve aylarca listede kalmıştır. Dünyanın her yerinden danışanları ile çalışmalarını sürdüren **Tuğçe Işınsu,** *VERESİYE DEFTERİNDEN ZİRVEYE* ile size para mucizelerini, para konulu sırları, hayatın içinde gizli bereketle ilgili anlamları, maddi gibi görünenin ardındaki "manevi derinliği" yine en iddialı yöntemlerle sunuyor. Bolluk ve bereket, sonuna kadar sizinle olsun. VE ÖYLE DE OLDU. AMİN.

Ben Tuğçe Işınsu.

Hayatım para ile ilgili birçok ve çok uzun süren yıkıcı deneyimlerle doluydu; ta ki paranın manevi şifrelerini bulup, bunları yaşamımda gerçekten kullanana kadar. Babamın hataları nedeniyle defalarca kere hacizlere tanık olduk, evimiz boşaltıldı, evlerimizi kaybettik, evimiz yandı, aç kaldık, fatura ödeyemedik, kışın soğuk sularda yıkandık, senelerce bakkaldaki veresiye defterine muhtaç kaldık, oradan oraya sürüklendik, olmadık işlerde çalıştım, otobüse binemediğim zamanlar oldu, telefonsuz kaldım, kimseye bir mesaj bile atamadım, evden eşya satıp gün geçirdiğimiz oldu… Yaşadığım tüm acı deneyimlerin sonunda paranın nasıl yaşamlara aktığını keşfettim. Para; onu çağıranları duyar, onu sevebilene akar, onu doğru kullananı seçer. Para bile aslında manevi olanla gelir. Bu kitapla "Para" konulu hem manevi hem gerçekçi hem de sıra dışı bir yolculuğa çıkacaksın. Kitabı uygula, geçmişten ders al ve artık şifreleri sen de gir yaşamında. Bu kitaptaki formüller, tılsımlar, para kodları, parayı çeken yollar ve şifreler, sırlar ve dualar umarım seni de dilediğin yere taşır. Parayı nerede ve ne için, kimlerle ve kimler için harcayacağın önemli. Paranın sana sunduğu yaşam derslerini fark et, para da titreşen bir enerji. Bereketin bol olsun. VE ÖYLE DE OLDU.

ZENGİN BİR ADAMIN KIZI olarak doğdum, sonra VERESİYE DEFTERİ'ne yiyeceklerimi yazdırarak gün geçirmeye kadar düştüm. Veresiye defteri olmasaydı eğer açtım ve o veresiye defterine borcumuzu çok uzun zaman da ödeyememiştik o zamanlar, en dipteydim. O düşüş, meğer zirvenin ilk büyük adımıymış, sakın pes etme: Sana bu kitapta anlatacaklarım Allah'ın izni ile sana kapıları açacak.

Para, öncelikle düşünce ile kazanılır. Düşünceler manyetiktir, gerçeğe dönüşür. Düşünerek, evet, zengin olunur! Önce canlandır, hayal et. Düşündüklerin maddeye dönüşecek. Gönderdiğin enerji ve inanç, sana geri dönecek. Her şeyin son ve olmuş halini düşüneceksin. Her düşünce frekanstır. Yaydığın frekansa dikkat et… Sır burada.

HAYATLARIMIZA GİREN YANLIŞ KİŞİLER, BEREKETİMİZİ DE BLOKE EDER. Eğer maddi olarak dipteysen, hayatındaki ilişkileri ve insanları da gözden geçir…

BOLLUK İÇİN ESMAÜ'L-HÜSNA'nın gücü çok büyüktür. Borçlarını düşünme, oturup insanlarla parasızlığını konuşma, zikir çek! Her zikir, evrene seni haykıran dev bir etki ve enerjidir. Ne zaman umutsuz hissetsen, esmaların gücü bu kitapla elinden tutacak.

GERÇEK PARA TILSIMLARI yine bu kitapta… Benim hayatımı baştan inşa eden tılsımlar konusu Türkiye'de ve dünyada yüz binlerce insan üzerinde "çok net" SONUÇLAR VERDİ, VERİYOR, VERECEK. Tılsımlar; şifre ve koddur, içinde dua-esma-motif-ayet ve pek çok sırlar gizler. Tılsım, Allah'tan istemektir. Muhatabı Allah'tır.

PARAYI ÇEKEN RİTÜELLER bu kitapta seni manevi olarak destekleyecek. Her bir para ritüeli, sen inandığın sürece etki edecek, senin ona yüklediğin anlam kadar var olacak. Başla!

PARAYI ÖNCE BİLİNÇALTINDA OLUŞTUR. Bu kitap sana para ve bolluk adına bilinçaltı kanalını nasıl kullanman gerektiğini anlatacak. Bu kitaptaki bilinçaltı uygulamalarını yaptıkça derin değişimlerini; yaşamında, aura'nda, hayat akışında, karşına çıkacak fırsatlarla net olarak göreceksin.

RIZIK SADECE ALLAH'TAN GELİR. Dayandığın yer belli. En büyük Güç zaten seninle. Unutma, sen rızkı Allah'tan istiyorsun, seni artık kim tutabilir…

BEREKET İÇİN, OLUMLAMA VE TELKİNİN GÜCÜ… Düzenli olarak yapılan telkin ve olumlama karşısında hiçbir şey direnemez. Bu kitap bu konuda sana birçok seçecek sunuyor, devam et-sabret-akışı takip et.

İnsan, ancak Allah'ın ona verdiklerinden geçici olarak faydalanır. Ona tüm verilenleri "kendi elde etti zannederse" insan, o zaman işte kaybediş de başlar. Allah verir, Allah alır. Hepsi bu. Dünya hayatında geçici olarak kullandıklarından ibaret değil senin yaşamın ve anlamın. Sen almadın hiçbir şeyi, O verdi. Hayatına bolluk ve bereketi çekmek isteyen her kul, ilk evvela hiçliği öğrenmeli. Olan ve olmayanın kaynağını idrak etmeli. Kıtlığın da bolluğun da imtihan olduğunu sindirmeli.

ALLAH, RIZIKTA KİMİNİZİ KİMİNİZE ÜSTÜN KILDI.

NAHL/71

PARASIZ KALDIĞIN GÜNLER, SENİ PARANIN ZİRVESİNE TAŞIYACAK

Hayatım boyunca en dipten zirveye çıkmış çok ünlü ve çok başarılı insanlarla hem tanışma hem de birlikte çalışma şansım oldu. Bu tarz insanları ve onların hikayelerini merak ettim ve onları irdeledim. Bu insanların ortak noktası şu: Büyük parasal çöküş yaşadıklarında, bunun üzerinde durmayıp, bu olandan hızlıca ders çıkarıp yeniden sadece "hayal ettikleri zirveye" odaklanmaları. İnsanlar, yani güçlü ruhlar, kötü günlerle dalga geçip, umuda sımsıkı tutunur. En dibi gördüğün günlerde aslında senin tüm yaratıcılığın, ilhamın, gücün, gerçek niyetlerin ve son çarelerin ortaya çıkar. İşte o zamanlarda sen en hayati ve dönülmez adımlarını atarsın. En dibi görmek bir şanstır. O gün bir sınavdır, kimi kendine acıyıp o sınavı görmez, kimi de ben şu sınava layık görüldüm der. O sınavdan ders alan ve bunu faydaya çevirmeye niyet eden kazanır. Dar bakan ruhlar "zenginden daha zengin oluyor, fakir zaten fakir" şeklinde inanır, bu yanlıştır. Bazı zenginler, evet, yine zengin kalır ve devam eder yoluna. Fakat bir de, en diplerden para zirvelerine çıkanlar vardır. Onlar sıfırken, bu sıfırı bir güce dönüştürür. Büyük oynar, korkmaz, denemeye devam eder, gözü kara olur, elinde maddi hiçbir şey yoksa, manevi olana tutunur. Para üzerinden çok sınandıysan, senin para konulu bir yaşam dersin var demektir. O zaman para sana neyi anlatmaya çalışıyor, parasızlık veya çöküşler seni neden bırakmıyor, bunu bulmalısın. Asıl konu, paranın kendisi değil, para aracı ile hayatın sana aktaracaklarıdır. Bilinçaltında kaydı oluşturulan her zenginliği yaşamına çekebilirsin. Para, bolluk, rızık Allah'tan istenir. Sen yalnız değilsin. Seni yaratan Allah, rızkını eğer isterse binlerce yerden sana akıtır.

HER ŞEY ASLINDA, EN DOĞRU ZAMANDA OL'UYOR.

SENİN İSTEDİĞİN ZAMANDA OL'MADIYSA, ASLINDA EN İLAHİ ZAMANDA OL'MUŞTUR.

Çaresizlik diye bir şey yoktur. Her dert çok büyük bile olsa, bir çözümü içinde saklayarak gelir. Kalp gözü ile bakarsan, mutlaka bir kapı sana açılacak. Aradığın bolluk, senin aslında manevi olarak durabildiğin yerde… Senin olan bolluk, para, bereket veya iş, senden başkasına gitmez. Senin olanı alacaksın, yeter ki inan. Paranın sana akabilmesi için: geçmişten ders al, geçmişte kalma, arın, bırakabilmeyi seç, paranın içindeki maneviyatı bul. Para, onu çok kovalayan herkesten kaçar. Çok kovalamak: "Ben bu şeye ait değilim, onu zor ve uzak görüyorum, o nedenle çok kovalıyorum" demektir. Bilinçaltında kaydı olan rakam, yaşam, detaylar seni bulur. Şu anki koşulların ne olursa olsun ALLAH'ın "ol" demesi ile her şeyin mümkün olduğunu hatırla. Niyetler çok önemlidir; parayı ne için istiyorsun, para gelince sen nasıl olacaksın, paraya hissin ne, para gelince seni para mı yönetecek, parasızken şükretmeyi bildin mi, parasızlığın içindeki derinliği buldun mu… Sende manevi anlamda bir gün bir şey değişir, işte o gün para akışın da değişir. Paraya materyalist anlamlar değil, manevi enerjiler yükleyenlerden ol. "Yaptım, denedim, olmadı" deme. Olacaksa zaten Allah

"OL" DEYİNCE OLACAK. Para ve bolluk, bilinçaltında inanınca gelir, dua ile gelir, sende değişim başlayınca gelir, ritüeller ve diğer çalışmalar da yine senin "inanç gücünü" desteklemek içindir. Derman bulmak, derdin içine girmekle olur. Dert, sen manevi olarak yükselince: sana fısıldar zaten ne yapman gerektiğini... Bu, para konusunda da bu şekildedir.

Umut

Umut; hayalcilik değildir, umut niyet ile iş birliği yapar ve gelecek oluşur. Para için hayal kurmak ve umut dolu olmak, enerjiyi itmektir. Umut; yıkılmaz olmaktır, şartlar ne olursa olsun "vazgeçmem" diyebilmektir. Umut, bir ihtimal doğacak şeklinde inanmaktır. Umut, iyi olmaktır ve umut iyileştirir. Dünyayı daha iyi etmek için sen de saf enerjinle, umuda ortak ol. Doğru amaçlar için umut edilen her an; dünya daha da iyi bir yer olur. Para, kirli veya kötü değildir. Para, ne için, nasıl kullanılırsa, o enerji ile akışına devam eder dünyada. Dönüş. Artık inan "yeni bir sen"in var olabileceğine. Sen derinden ve net bir inançla dönüşünce, parayı ve bolluğu da aynı frekansla çekersin. Para sana gelince, o para ile sevgi ve iyi niyet adına bir şeyler de yapmayı unutma. Paranın da içinde maneviyat ve sevgi saklı. Sen parayı isterken ve kendine çekerken "paranın içindeki maneviyatı" da çözmüş olmalısın. Para, titreşen bir enerjidir; onu çağıranlara gelir, onu hak edenlerde kalır, kendisi ile en doğru iş birlikteliğini seçenleri tanır. Para her gün tüm dünyayı dolaşır, para büyük bir güçtür. Para, insan isterse temiz ve samimi, derin ve dayanıklı, kökten ve doğru bir yardımcı da olabilir. Paraya tüm yüklemiş olduğun tanım, kod ve anlamları gözden geçir, gerekirse dönüştür. Bu kitap, parayı yanlış tanımış, para konulu çok darbeler almış, parayı kazanabilecekken hep kaybetmiş, başına para yüzünden gelmedik kalmamış ruhlara "parayı" gerçekten anlatıp, kazandırmayı hedefler. Neye aitsen o bize gelir. Zaten enerji de budur, senin ruhun bolluk frekansında değilse, para da yolu bulup sana koşmaz. O halde, sende neler değişmeli, neler, sen artık bırakmalısın, nasıl inanmalısın, nasıl düşünmelisin, neleri deneyimlemelisin hepsi burada...

Para, pekala iyi bir yol arkadaşıdır.

Parayı sevmek ve seçmek illaki materyalist olmak ya da sert olmak değildir. Eline geçen para ile dünyaya iyilik eden, düşkünleri kurtaran, her an fayda için kafa yoran ruhlar da var. Para kazanırken tanışıp birbirini seven, parasızlıkta dayanışma içinde olup yaşam dersleri alan da var. Para ve parasızlık çok etkili eğitmenlerdir. Bir insan önemli bir araç olan para sayesinde, bir ömür ve aslında her gün para konulu olarak sınanır. Yani para hayatlarımızda önemlidir. Çocukluğumdan beri, para ile ilgili çok sınav verdim.

Işık Lisesi'nin anaokuluna yazdırıldığım günlerde henüz 5 yaşındayken, annem bir gün bana gelip, yeni okul arkadaşlarımın annelerinin çaya bize geleceğini söyledi. O gece yarına hazırlanmaya karar verdim. Odamı derleyip topladım ve güzel olan eşyalarımı ön plana koydum. Seçtiğim, bana göre değerli olabilecek eşyaların üzerine fiyatlar koydum, 5 yaş aklıma göre onlara değer biçtim. Ertesi gün anneler, odamı görünce önce çok şaşırıp, sonra bu durumdan çok etkilenmişlerdi. Beni 5 yaşında küçük bir tüccar olarak hem sempatik hem de iddialı bulmuşlardı. "Madem bu kadar hazırlanmış bu küçük kız, biz de satın alalım" demişlerdi. O gün odamda iyi satış yaptım, ticaret hayatıma ilk adımı atmıştım. Tabii bu konunun derinliklerinde şöyle bir mühim detay da vardı: Biz, şartlarımızı zorlayarak bu pahalı okula gidebiliyorduk. Sanki bu dünyaya adım atarken ben de küçük bir kız olarak parayı yanıma çekmek istemiştim…

İlkokuldayken, üç bloktan oluşan bir apartmanda oturuyorduk. Bu bloklardaki komşuların yaşadıkları bazı ilginç olaylar, güncel bazı konular, değişik havadisler ve sanatçılarla ilgili bilgi ve haber toplayıp dergi çıkartıyordum. Resimler yapıştırıp, fotokopiler çekip, kendimce baskılar hazırlayıp bu dergileri daire daire gezip satıyordum. Kazandığım paralarla da o dönemde, apartmandaki arkadaşlarımla hamburgerci ya da dondurmacıya gidiyordum. Zili çalınca daire kapısını açıp, beni elimde dergilerle konuyu pazarlarken gören komşular durumdan etkilenip satın alıyorlardı. Küçük bir çocuğun bu girişimi hoşlarına gidiyordu. Benim de ticaret dünyasındaki yolum devam ediyordu.

Veresiye Defteri

18 yaşında resmî anlamda iş hayatım başladı. Birçok büyük ajansta yazarlık yaptım, ek işler de yaptım. Hayatımsa babamın üst üste iflasları nedeniyle 13 yaş itibarıyla yaşadığımız çöküşlerle tamamen değişti. Parasızlık üzerinden artık uzun yıllar, imtihanlarım olacaktı. Aç kalmak nedir, evsizlik nedir, kışın soğuk suyla nasıl yıkanılır, imkansızlık içinde nasıl ayakta kalınır… Hepsini uzun yıllar yaşadım. Lisede kolejde bursla okurken, çok uzun zaman Topağacı'ndaki (hâlâ o bakkal orada) bir bakkalda veresiye defteri sayesinde ayakta kaldık. Yine kira ödeyemeyecek durumdaydık, annemin bir akrabasının

evinde kalıyorduk. Apartmana yakın çok küçük bir bakkal vardı. Her sabah gidip veresiye defterine "yazdırmak", yine ödeme yapamamak çok acıydı. Hatta bakkalın "Ne zaman ödersin?" diye sormamasının altında, daha da çok ezilirdik. Bakkalın yanında manav vardı; güzel taze meyveler olurdu. Her sabah onlara bakıp yemiş gibi hayal edip, yemiş gibi kendimi imgelerdim. En sonunda sanki yemiş kadar olurdum... Sonra bakkala girer, o günkü ihtiyaçları alırdım. Bir market, manav, kasap alışverişi yapamadığımız için uzun süre "sadece bakkaldan alınan yiyeceklerle" idare ettik. Peynir, makarna, bisküvi, ekmek gibi... Bakkal, veresiye defterini açıp da yazarken aldıklarımı, yine imgeleme tekniğini o zamanlarda da kullanırdım. İki şey yapardım. Birincisi; aldıklarım yazılırken o kelimeleri hayalimdeki yiyeceklerle değiştirmek, mesela ekmek yerine salam koymak, peynir yerine tatlı koymak, makarna yerine et koymak gibi... Bir de sayılar üzerinden hayal kurup imgeleme yapardım; mesela o gün aldıklarım 10 TL tutuyorsa ben o deftere imgeleme ile 10.000 TL yazıp sanki o para benimmiş, bende varmış gibi hayal ederdim. Ben elbette o zamanlar spiritüel metotları bilmiyordum. Bu iki oyun beni yatıştırıp bana iyi geliyordu, bir gün iyi şeyler olacak gibi hissettiriyordu. O nedenle her sabah devam ediyordum. Bu yol, herkesçe kullanılabilir. Bugün bunu rahatça önerebilirim, bilinçaltı senin bugününle ilgilenmez. Senin bilinçaltına girdiğin tüm bolluk ve para kayıtları, pekala da gerçek olabilir. Benim tamamen öyle oldu, senin de olabilir yani. Azın yerine çok olanı koy, kötünün yerine iyiyi koy, olmayanın yerine olanı koy, boş olanın yerini sen hayalin ile doldur. Ve ne yaşarsan yaşa şükret...

Para, aramakla bulunmaz sananlar var tabii ama bulmuş olanlar da gerçekten onu aramış olanlar. Gönülden ara, gönülden iste, bir şeye ait ol ki kapın açılsın. Aşkla çağırmak, kalben ait olmak, uzun vadeli yol çizmek, özde güvenmek, teslim olmak çok önemli. Para senin hayatında güzel şeylere vesile olacaksa, yol açılır. Mücadelende samimiysen, işin kolaylaşır. Hırs ve çatışmadan uzak durarak, kalbini aç bolluğa. İçine olumsuz duygu ve inancı katarsan, asıl amaçtan da sonuçtan da uzak düşersin. Çağır ve güvenle besle amacını. Sürekli hesap, sürekli plancılık, sürekli kuşku, sorgulama ile sonuç gelemez. Olan ve olmayan her şeyin içindeki sana hizmet eden yaşam derslerini fark et. Bolluğu ve kazanmayı seç ve iste, şüphe katmayı kes. Çaresizce çırpınma, teslimiyetle karşıla her şeyi. Odağın, gönlünden kopan o ışık olmalı hep… Para nasıl gelecek, nasıl o kadar çok kazanırım gibi blokajları işin içine katma. Mucizelerle dolu bir kusursuz düzen var aslında, bu mükemmel akışa dahil olup onunla birlikte akmak için gereken: istemek-teslim olmak- pozitif üretmek. Niyetler temiz ve saf enerji, tam bir inanç ile en yüksek yere teslim edilmeli, Allah'ın sonsuz vericiliğine bırakmalı kul kendini. İmkansız diye bir şey Allah için yoktur, dilerken bunu hatırla. Manevi sisteme güvenen, bu nasıl gerçek olur ki demez zaten…

İNSANIN yaşamdaki en büyük imtihanlarından biri, para ile barışmaktır. Para sadece para değildir, bir semboldür de aynı zamanda. Para; umuttur, niyettir, değerdir, insanın bu yaşamdaki enerjisidir, vesiledir, araçtır, verilen ve alınan değerdir. Binlerce yıllık geçmişi olan para, insanlığın bilinçaltında birçok sembol ve kod ile yer alıyor. Para bugün değişen dünya düzeninde en önemli konulardan biri. Parayı kirli olarak kabul eden ruh, parayı çekemeyecektir. Size parasızlığı telkin eden sistemlere güvenmeyin, parayı sadece para olarak da görmeyin. Parayı kutsal ve iyi niyetlere akıtıp siz de pekala hem kendi yaşamınızı hem de dünyayı daha iyi hale getirenlerden olabilirsiniz. Para, insanın hayatla, kendisiyle, insanlarla alma verme enerjisidir. Sürekli kıtlıktan, para konulu zorluktan bahseden insanlardan uzak durun. Bu tipler, hem kendi bereketi çekemez hem de çekene mani olmak için yaşar adeta. Para ile ilgili eski ve işe yaramaz inanç kalıplarından özgürleşmek ve kendi krallığını oluşturmak için bu kitapla baş başasın artık. Para merkezli inanç kalıplarını tek tek gözden geçir. Para blokajlarını ortadan kaldırmak adına bu kitap sana birçok yolla eşlik edecek. Kendi tarzını oluştur, niyetlerin net olsun, sorun nerede ve ne zaman başladı, bunu bul, kul hakkı aldıysan helalleş, vermeyi de bil. Para harcarken korkma, korku ile elinden para çıkarsa: bloke olursun. Her para verişte ve alış anında şükür dolu ol. Para sana his olarak güç ve güven vermeli, muhtaç hissederek yani yanlış enerji içinde olarak para alışverişinde olma. Para ile kurduğun bağ ve ilişki unutma ki tüm yaşamını etkiler. Neler üreterek bu hayatın içindesin, tüketirken doğru yolda mısın, iyi niyette misin… Keşfet.

Parayı suçlama, para kötü değil. Ancak hata yaparak, ona yüklenen anlamlar yanlış olabilir. Senin para ile ilişkin ta doğum anına dayanır. Bir kısmı da doğum öncesine dayanır. Aile, geçmiş karma, eski kökler, ortak bilgi havuzu kolektif bilinçaltı… Hepsi de senin bugünkü para durumun üzerinde etkili.

PARAYI, BAŞKALARININ ETKİSİNDE KALARAK HARCAMA.

Başka dış etkiler ile kazanılan ya da harcanan para bereket getirmez. İçinden gelmeden harcanan para da öyle... Kariyerinde, iş yaşamında üretken ol ve değerli konular seç. Kendine değer ver, bu şekilde paranı kazan. Dışarıdan sürekli onay bekleme, onay ve merkez sensin. Satın alırken de etki altında kalma. Her şeye "Çok pahalı!" deyip durma. Her şeyin bir ederi ve bir değeri var bu yaşamda. Bir şeyleri sürekli gözünde büyütüp de abartma. Sürekli ulaşılmaz olarak görme bir şeyleri... Para bir değer, değerli hissedene gider... Ben parayı alırken hep karşı tarafa ve kendime bereket, bolluk dileyerek alırım. Bunun çok derin etkilerini gördüm hayatımda. Para harcarken hissettiklerin çok önemlidir. "Benden şimdi bir şey eksildi" duygusu ile para harcama, "Şu an veriyorum, verdiğim bana artarak döner" de ve bu şekilde harca. Para konusunda en kolaya kaçma yollarından biri başkalarını suçlamak. Onun yüzünden oldu, aldatmacasından çık. Senden para çıkıyorsa ve kaybediyorsan: sen kıtlık bilincinde kaldığın için. Sen dönüşünce; para sana kolayca akar. Birçok insanla tanışıyorum ve çalışıyorum; "Para bana nereden gelecek ki! Benim koşullarım belli!" gibi cümlelerle bütün gün kendini bloke edenler... Bunları yani ağzından çıkan her cümleyi tart; her kelimenin bir frekansı var. Sözler de kazancımız üzerinde etkili. Kendine bir para listesi yap, kendine bir mektup yaz. İtiraf dolu olsun; kazançlar, gidenler, hatalar, başarılar, niyetler, olmuşlar ve beklentiler üzerine yaz. Burada hiçbir detayı atlama, açık ol kendine. Kendini nerede gördüğünü ortaya koy.

Para ile ilgili en önemli sembollerden biri de cüzdan.

Cüzdana para koyma biçimi aslında insanların paraya bakış açısını da ele veriyor. Düzgün koyulmalı para, saygıyla. Para bir nimet, buruşturup sokuşturulmamalı cüzdana. Saygı duyduğun, değer verdiğin şey büyür ve çoğalır yaşamında. Daha önce de pek çok yerde belirttim; sahte veya taklit çanta/cüzdan kullanmak "değersizlik" enerjisi yayar. "Ben aslını alamam ki" kıtlığı yaratır. Marka kullanmak zorunda değilsin, taklit olanı alıp kendini bloke etme. Güzel anısı olan eski ve yıpranmış bir çanta veya cüzdan çok daha iyidir. Cüzdanını, çantanı paylaşma. Bu bir bencillik değil. Başkasının enerji ve etkisi sana uymayabilir. Kıtlık korkusu olan bir arkadaşın senin çantanı alıp takıp, sana geri verince onun enerjisi o çantada kalabilir. Sevmediğin renkte veya motiflerde de cüzdan kullanma. Bazen cüzdan değiştirmek, bir anda bir yenilik enerjisi ile kişiye farklı fırsatlar bile sunar. İçinden geleni al, modeli de öyle seç. Cüzdanına işe yaramayan bir şey koyma, kullanılmayan veya vadesi geçmiş detaylar çanta veya cüzdanda durmamalı. Cüzdanlar; üzerlik, nane, adaçayı ile zaman zaman tütsülenebilir. Cüzdan üzerine bereket duaları da okunabilir. Üzerine Esmaü'l-Hüsna okunmuş taşlar da cüzdana koyulabilir. Olumsuz konuşmalar yaparken cüzdanı açıp kapatmayın. Cüzdana yüklenen anlamlar, paraya da yüklenmiş olur. Cüzdanın aslında senin para ile ilgili gizli kanalın. Para sana güven vermeli, sen de cüzdanı her açışında bu güveni hissetmelisin. Kimi insan yaşamını parayı kazanmaktan korkarak geçirir ve hep kaybetme enerjisi ile güne başlar. Bu duyguları aş, bu duygularla cüzdanına sürekli dokunma. Süresi geçmiş faturalara cüzdanında yer verme. Hep sevgiyle öde, sevgiyle o faturayı başka yere koy. Kazancın hak mı, helal mi, başkalarına etkisi iyi mi… Hep bunları düşün ve tasarla.

Karar vermek, geçmiş, seçim yapmak, onaylamak, bakış açısı para yaşamımıza yön verir. İnanılmış olanı yaşar insan. Yeni ve faydalı bakış açılarına hazır olmalısın. Para ile ilgili eski kodlarını, kalıplarını bırakmaya hazır ol. Hayata güven, akışa inan, enerjin değerli, sen değerlisin. Boşa harcama yaşamı. Her anın içinde bereket, bolluk saklı. Fırsatlar her an oluşuyor. Şu an ne kadar paran olduğu önemli değil; enerjinle istediğin miktarı oluşturabilirsin. Parasal sorunlarını mutlaka listele; kendine açık ol. Bu sorunların sorumluluğunu al, kimseyi suçlama. Para olarak sen dönüşünce ve daha çok almaya açık olunca; bazı insanlar yaşamında daha çok kalıp elbette bazıları da gidecektir. Para konusunda sürekli veren ve alamayansan bir ilişkide: belki de o artık bitmesi gereken bir ilişki. Borç almak ve vermek, bloke eder.

BORÇ, KITLIK ENERJİSİDİR!

Başkasında var, bende yok demektir. Borç alma, sen kazanabilirsin. Borç verme, bırak ki o kendi kazansın. Parayla kurduğun ilişkinin kökeninde, hangi duyguların olduğunu geçmişe dönerek bulman gerekir. Borç başkasını bir yerde üstün görmek, kendi değerini hiçe saymak ve ben yapamam duygusudur. Borç, olmayanın tekrar altını çizmektir. Büyük para küçüğü de çeker, küçük para daha büyüğü için yolu açar. Parayı, miktarı ne olursa olsun küçümseme. Geçen gün meşhur bir kafedeyim, yanımdaki bayan kasada ödeme yaparken bir demir parası yere düştü ve almadı. Almasını söyledim, bereketini bloke eder dedim, almadı. Bu olayı görüp o parayı yerden kaldırmazsam konu, enerjisi ile bende de etki yaratırdı. Alıp yerden kaldırıp ben, kasanın kenarına koydum. Hayat her an, para ile ilgili sana fırsat ve detaylar sunar. Görmeyi bil, aza değer vermeyen çoğa zaten uyumlanmaz. Paramızın nereden geldiği, nereye gideceği, kimlerle ve kimler için de harcanacağı hep enerjimizi etkiler. Seni borçlandırmaya, seni para konulu korkutmaya, güvensiz hissettirenlere inanma. İhtiyacın olmayan şeyleri alma, bu da başka bir değersizlik veya tatminsizlik sorunudur. Bu tip bir sorunun varsa, kökeninde manevi başka bir blokaj var demektir. Bunu bul. Aşırı harcama da yine kişinin bilinçaltındaki korku, sevgisizlik, affedememe gibi başka detaylarla ilgilidir. Bu yolla almış olduklarını, kullanmıyorsan sevgiyle isteyebilecek kişilere hediye et. Gereğinden fazlasına her niyet ettiğinde, mutsuz olursun. Para ile bir şey satın aldığında, her seferinde bu para ile senin aranda bir bağ kurar. Bu bağ, gelecekti para durumuna da etki eder. Para ile olan ilişkin, seni ortaya koyar ve aslında hayatını biçimlendirmiş de olur. Parayı kaybetmemek adına taviz vermek, kaybetme sürecini başlatır. Baskı altında kazanılan paradan hayır da gelmez. Para sana aktıkça, korkun da büyüyorsa: paraya layık bulmuyor olabilirsin kendini… Her şeye geçici heves ile bakan insanlarla birlikte para kazanmaya çalışmak, bolluk getirmez. Sevmediğin biri ile iş yaparken, başta kazansan da sonradan hayrını görmeyebilirsin. Sadece para gelecek diye inanmadığın işleri de yapma.

Para konusunda kaybetme korkusu yoğun olan kişi, bilinçli veya bilinçaltı gücü nedeniyle gelen parayı çıkacak bir konu veya sorunla kaybeder. Paraya ayrılan zaman, para ile ilişkili kaynaklar, akışlar hep çok önemlidir. Para konuşurken, hep eskiden bahseden hep geçmişi anlatmayı seçenleri de fark et. Bu kişiler de seni bloke edebilir. Bugünü konuşan, bugün zaten başarmakta olan ve geleceğe dair net hayalleri olan kişilerle ol. Para ile arandaki bağa olumsuz etki ettiğini bildiğin kişilere mecbur değilsin. Geçmiş ve geçmiş deneyimler sermayedir, geçmişe takılı kalmaksa kaybetmedir. Yeteneklerini bilmeyen veya başarma isteği olmayan ruhlar, para yolunda sana bir şey katmaz. Başladığı işleri büyütme hevesi olanları seç yaşamında. Para alanında ilişkiler ve iletişimler önemlidir, içine sinmeyen kişileri eleme hakkın var. Sürekli paranın peşinde koşup, onu adeta kovalayanlar da ona ulaşamaz, ulaşsa da elinden kaçırır. Parayı huzurla, güvenle, inançla istemeli kişi. Peşinden çok koşmak "korku" içeren bir eylemdir…

Para kazanırken sakın birine bağımlı olma. "O olmazsa yapamam" diye bir şey yoktur.

Potansiyel sensin, sen olmalısın.

Para için birine bağımlı kalan ruh, para yolunda ve kazanmada asla kendi gerçek iç güç ve potansiyelini bilmeden hayatını harcar. Sen parayı çekebilirsin, para bir enerjidir. İnsan, enerji kuralları kapsamında her şeyi yaşamına çekebilir. Dış koşullar ne olursa olsun, sen o koşullara yüklemiş olduğun yanlış anlamları dönüştürebilirsin. O zaman para akışın da değişir. Para kazanmayı mecburiyet gibi görme, sevgiye çalış ve sevgiyle kazan. Kendi gücünü ortaya net olarak koyarsan, para akışın da hızlanır. Şikayet, şükür göstermemek, sevgisizlik, nimeti idrak etmemek, bereketi bloke eder. Parayı sev ve seç ama paradan önce kendine güven. Parayı da kazanacak sensin çünkü…

Sadece "para" için açılan bazı yerler kısa sürede kapanır, her gün şahit oluruz böyle işlere. O mekanda, doğru enerji dolaşmazsa, insanlar sevgi ile o yere girip çıkmazsa, bereket niyeti yoksa tek amaç para hırsı ise işler yürümez. Parasızlık nedeniyle yanlış işler yapma, sen niyette kal, şükre devam et, duanı artır. En doğru, en hayırlı olan için kalbini, kapını aç. Yaşanmış hayal kırıklıklarını da abartma, herkes dikenli yolardan geçer. Vazgeçme. Bahanelere tutunma. İlk planın, en çok istediğin tek planın olsun. Cesaret et, cesaret parayı sever. Dengesiz para ilişkileri olan insanlar, parayı kazanmayı kaybetmeyi oyun haline getirir. Bu gibi tipler, sana doğru bir etki, enerji veremez. Onlar o çarkın içinde yeniden kaybedecektir, onlar buna alışmıştır. Sürekli parasızlık ve pahalılıktan bahseden ruh, kıtlık kaydı oluşturur. Şartlar ne olursa olsun, şükret. Ben aç yattığım geçmişteki birçok gecemde, şükrettim hep. Beni o imtihana layık görmüş olan Allah, demek ki benim o yolla güçlenmemi istiyordu. Açlık zamanlarımdan çıkardıklarımla para kazandım zamanı gelince. Yani şu hayatta açlık bir para kazandırır. O nedenle, şartların ne olursa olsun umutlu kal.

Hayatta fark etmediğin birçok şey paraya dönüştürülebilir. Mesela gençken bazı aldatılma, yarı yolda bırakılma olayları yaşadım. Sonra bu olayları da ele aldığım aşk konulu kitaplarım çok sattı ve bundan para kazandım. Seans ve danışmanlıklarımda da bu anılar işime yaradı. Yani, acılar fırsattır ve evet onlarda kişi isterse paraya dönüşür. Bir dert geldiğinde bundan yaşam dersini alıp onu fırsata çevirmek elimizde. Bir dönem babam, parasızlık nedeniyle yurtdışından dönemiyordu. Ben de lisedeydim daha o zamanlar. Çalışmaya mecbur kaldım o dönemde. İş hayatım da çok erken başlamış oldu. Bu bana çok iyi hizmet eden bir konu oldu, güç, yaratıcılık ve özgüven anlamında. Yani yaşadığımız parasızlık yine paraya döndü yaşamımızda. Bakmayı, görmeyi bilmek gerek…

YARIM KALAN KONULAR VE İŞLER, BEREKETİ BLOKE EDER.

Tamamlanma konusu para ve bereket alanında çok önemlidir. Ofiste yarım bırakılan işler, yarım kalan konuşmalar, az yenilip bırakılan yemekler, bereketi kapatır. Bir konuyu konuşurken yarım kalırsa, ilk önce onu tamamlayın. Yarım kalma enerjisi evde, ofiste çoğalırsa hep "yarım kalacak" yeni iş ve olayları çağırır. Tam ve tam olma, hep tamamlanma güveni ile yol almak gerekir. Sonuç, sonuçlanmak, bu enerji ile ortamda devam etmek gerekir. Tereddüt ve emin olmama, karar verememe, erteleme de yine berekete hizmet etmeyen detaylardır. Dağınık fikirler, sürekli farklı yerlerde dolanma, fikir olarak, netliği elde edememe de yine olumsuz etkidir. Paraya değer vermen, senin aslında kendine değer vermendir. Bu değeri verirken de para asla, tüm değerlerinin ötesine geçmemeli ama… Borç; para kaybetme, çaldırma, değersizlik sorunu yaşayan ve farkındalığı zayıf kalabilen kişilerde daha çok olur. Kıyaslama da para kaybıdır ya da bereketi bloke eder. Kıyas başkasını güçlü eder, senin gözün senin paranda olsun. Kendi paranı büyütmeyi seçmek yerine başkası ile kıyas yaparsan: o büyür, o güçlenir. Herkesin para alanında yolu, kaderi, kısmeti, imtihanları elbette farklı olabilir. Para, sahibinin emrindedir; parana sen yön vereceksin. Hayalini süsleyen işi yapan daha çok kazanır çünkü hayalinin peşinden gitme riskini alanı, bilinçaltı ve tüm enerjiler de destekler. Ben uzun sürmüş ve çok başarılı geçmiş reklam yazarlığı kariyerimi bitirip artık oraya asla dönmemek üzere karar alırken herkes şaşırmıştı. Uydu kanalında çok az bir paraya canlı yayında spiritüel danışmanlık yaparken, eskiden beni tanıyan bir reklam ajansından teklif gelmişti. İçimdeki ses, yeni iş alanımdan az da kazansam da bu yolun zamanla bana başka büyük kapıları açacağını fısıldıyordu. O dönemde etrafım, reklamcılığı prestijli bulup bana telkin ederken elimin tersi ile ben itmiştim o eski enerjiyi. Yeni işim o gün az kazandırsa da yıllar sonra bana verdiği alt yapı ile sonunda bana gerçekten kazandırdı. Yani, eski ve artık hizmet etmeyen bir alan, paralı gibi görünse de işe yaramaz. Şu an için belki az kazandığın ama manevi olarak ait hissettiğin alan, kadersel plan ve enerjiler nedeniyle seni zirveye çıkarabilir.

İlişkilerde alma verme dengen bozuksa, bu durum para alanına da yansır.

Kötü giden bir ilişkin var, mutlu değilsin, kendini ezdiriyor, belki de kendi kul hakkına giriyorsun. Bu şartlar altında sen her geçen gün değersizleşiyorsun. Değersiz olan sen, değerli olan parayı da artık çekemezsin. Hayatımızdaki tüm ilişki ve iletişimler para konumuzu etkiler. Geçmiş ilişkilere öfke, bitmiş aşkları hâlâ anmak, affetmeme, yanlış kişilere bağımlılık gibi durumlar kıtlık getirir. Birlikte para kazandığın kişilerin enerjisi kadar, hayatında para ile ilgili değiller sandığın tüm insanların: senin para-bolluk-bereket üçgeninde yer ve etkileri vardır. Parası varken harcamaya korkan bir aile bireyi seni bloke edebilir. Cimri bir sevgili, seni bereketsizliğe sürükleyebilir. Senden hep alan ama pek az veren bir arkadaş seni bolluk anlamında durdurur. Parası varken yok gibi yapan bir ortak, seni ilerletmez. Sürekli borç içinde yaşayan, muhtaçlık enerjisi yayan bir partner, sana olumlu enerji veremez.

Parayı almayı da vermeyi de bilen, paraya saygılı, paradan çok kendine güvenen ruhlarla ol.

Çok zengin birçok insanın, "bilinçaltında çok fakir" olduğunu biliyor muydun?..

Parası var ama hayrı yok, parası var ama mutsuz, parası var ama her gün o parayı kaybetmekten korkar…

Bu insanlar öz'de fakirdir. Maddi olarak var gibi görünüyor, iç dünyasında kıtlığı deneyimliyor. Bir şey o an sana orada pahalı gibi gelse de, artık aldıysan ya da o ürünü tükettiysen "Çok pahalıymış, aldık ama çok tuttu" gibi ifadeler kullanma. Bu şekilde sözler olumsuz etki ve enerji yayar. Bilakis, sevgiyle ver, verebilen ol. Veren alacaktır da… Ödediğin ve harcadığın senin gücünü anlatır. Verirken sevgiye vermek, harcamak: yeniden parayı çekecek bir enerji yaymış olmaktır. Fakir hissetmeyen, fakir kalmaz. Fakir kalan, fakir olmayı bilinçaltında seçmiştir. Hatta fakir olmayı güvenli bulan da vardır. Zengin görünüp, fakir hisseden nice ruhlar vardır. Öde, harca, ver ve asla pişman olma. Evrende boşluk yok, gidenin yerine yenisini koyacak akış var. Güven. Bir şeye değerinden azını ödemeye çalışmak: karşı tarafın kul hakkına girer, seni değersiz yapar, kıtlık oluşturur. Sürekli az ödeyerek yaşamaya çalışan ruh; tamamen kıtlık programındadır ve çokluk frekansına geçemez. Para verip bir hizmet alıysan; bundan zevk al.

Zevk alma durumu, olumlu enerji yayar. Hep öderken sevin, "ödediğime değdi çok şükür" şeklinde odaklan. Senin veya başkasının parasını sürekli kullanmak için fırsat kollayan, kendini kurnaz zanneden "kıtlık içinde çürümüş" bu ruhlara fırsat verme. Bunlar kurnazlığın gerçekte zavallılık olduğunu bilmez, sana manevi olarak bir şey katamaz, senin de bereketini bloke eder. Vermek üstünlüktür, bunlar hep almaya odaklanmıştır, enerji vampirliği yapmaktadırlar. Üstün ruh, elindekini elbette paylaşır. Üstün olmayan ruh, bunu suistimal eder… İstemeden alınan da verilen de manevi olarak değerli olmaz, bereket bolluk da sevgi ile gelir yaşamlara. Mesela, babamın yanlış iş idaresi, hırsları, hataları nedeniyle yaşamım boyunca birçok kere haciz kavramı ile karşılaştım. Eşyalarımız alındı, boş evlerde kaldım. Evden atıldım, aç kaldım. Bu dönemlerde eşyalarımızın gittiği yerlerde de onları alan insanların (elbette yasal olarak haklılar ama) bu gibi eşyalardan olumlu enerji alması mümkün değil. Üzerinde gözyaşı olan bir para, eşya, güzelliklerle gelemez. Para, sadece para değildir. Para bir yol ve kendini de ifade ediştir hayatın akışı içinde. Para; gelecektir, hayallerdir, bağdır, ifade ediş biçimidir, algıdır, değerdir, hedeftir.

ATALARDAN GEÇEN ENERJİ MİRASI VE GEÇMİŞ, BUGÜNKÜ PARA KONUMUZU YÖNETİR.

Ruhsal hafıza yazılımı, eski para kayıtlarını da bugünümüze taşır. İlk para kazanmaya başladığın günlerin, geçmişin, eski yaşam kayıtları (sen doğmadan önce dünyada yaşanmışlar), aile geçmişi, karma kodları, inanç kalıpları bugünkü para durumunu oluşturdu. Ailenin para ile geçmiş ilişkisinden öğrendiklerin sana yansır, bunların bir kısmını sen kaderin zannedersin, bir kısmı da aslında dönüştürülüp değişime açık konulardır. Dünyanı düşüncelerin şekillendiriyor. Bu düşüncelerinin bazıları sana ait, bazıları sana ait sanıyorsun ama değil… Sana hizmet etmeyen ve para akışı sağlamayan her detayı sen, dönüştürmekle yükümlüsün şu yaşamda. Senin başlıca yaşam amacın bu olmalı. Öğrenmek ve değişim için geliniyor bu boyuta. Telaş, kaybetme korkusudur mesela, belki de bu sen değilsin de aileden geçen bir öğrenmedir bu…

Ya da ailene hızla gelen paralar hızla mı gitti, o parayı hak etmediğini düşünenler vardı belki de… Neye niyet ettiğini bilmeden mi yaşadınız ya da başkalarını mı hep kıskandınız… Nasıl etkiler geçti sana, para bazlı konulardan, ailenden… Belki hak yiyen insanlar var karmanda, geçişlerle bu konu sana kadar sirayet etti… Hakkını alamayan aile bireylerini görüp belki de sen de "alamayan, isteyemeyen" olup çıktın… Fazladan vermek, olmayanı zorla oldurtmak gibidir. Her şey olduğu gibi, olması gerektiği gibidir. Kafi olmak, kafi kalmak diye bir şey vardır. Para kazanırken kul hakkına girmemek çok önemli olup kendi kul hakkına girmemek daha da önemlidir. Alman gerekeni almamaya bir başlarsan, bunun arkası gelir. Talep eden, alabilen olmak parayı çoğaltır. Hep istenilen ama hep isteyemeyensen; yanlış yoldasın.

Alma-verme dengesi ve enerjisi olarak bozulan kişi, artık para alanında sorun yaşar.

SANA PARANIN AKMASI, YİNE MANEVİ YOLLA OLACAK.

- Mecbur hissederek yapılan: bereket getirmez.
- Değersiz insandan, değerli sonuç gelmez.
- Kaybetmekten korkan, zaten kazanamaz.
- Kendi karar alamayan, senin kararına karışır.
- Sürekli kazanamadıklarını anlatan, sana faydası olmayan kişi.
- Senden her para yardımı dileyen, gerçekten samimi değil.
- Para konulu hep akıl veren, geçmişte pişmanlıkları olan faydasız biri de çıkabilir.
- Bazen zor durumda olana yardım etmemen gerekir; o kendi gücünü bulsun diye...
- Zorunda hissederek para verme.
- Zorunda kaldığın için yaptığın iş, hayırlı olmayabilir.
- Para motivasyonunu düşürene, hayır de.
- Kendi isteklerini ön planda tut.
- Değersiz hissettiğin yerde, hayırlı para akışı olmaz.
- Geçmişe dair pişmanlık, bereketi bloke eder. Bu konuları dönüştür.

- Karar al, onay bekleme, harekete geç.
- Hakkın olduğundan emin değilsen, o şeyi alma. Gelse de gider...
- Yardım bekleme, yardım sensin.
- Para ve başarı kimseyi olumsuz etkilemez, korkutanlara kulak asma.
- Kolaya kaçma, kolay olan derin veya zengin değildir.
- Boşa geçen günler, bereketi bloke eder.
- Boş insanlar, boş sohbetler parayı çekmez.
- Zamanını iyi yönetemeyen ruhlar, sana para kazanma yolunda eşlik edemez.
- Para kazanma yolunda, buraya hangi anlamları yüklediğin önemli.
- Kazanmak üretmektir, paranın doğru yol ve enerji ile sana geldiğinden emin ol.
- Boşa para harcanan her an, olumsuz olarak sana geri dönecektir.
- Satın alırken bir şeyi, o ana olumlu duygular yükle.
- Para senin sahibin değil, para senin aracın.
- Parayı saçan da sürekli biriktirip harcayamayan da kıtlıktadır.
- İçindeki başka konulardan kalan boşluklar nedeniyle, hırsını paradan çıkarma.
- Emeğine uygun olmayan miktara, mecbur hissetme.

- Sana keyif veren bir şeye, kuşku ile para harcama. Severek harca.
- Satın aldığın her şey yaşamında bir şeye iyi gelmeli, parayı asla boşa harcama.
- Elinde para tutarken, kötü sözler sarf etme. Elinde para tutarken hep hayallerine odaklan.
- Para konuşulan ortamında, kullanılmayan eşyalar bulundurma.
- Para ile ilgili yerlerin önünden geçerken sevgi enerjisinde kal; kasa, ATM gibi...
- Çalışma ortamında seni anlatmayan objelere yer verme.
- Paranın veya cüzdanının yanına, olumsuz veya sevmediğin bir şeyi koyma.
- Gönülden verilmeyen hiçbir şey, bereketli olamaz.
- Başkasının zor durumunu asla para için kullanma.
- Para, senin ruhunda olanları ortaya koyacaktır. Para, sen iyi biriysen, senin elinde çok daha iyi amaçlara da fırsat oluşturacaktır.
- Paranın hem varlığı hem yokluğu; sende gizli olanı ortaya koyar. Konu; merkezde sensin yani, para değil.
- Para, kendinle ve başkaları ile olan ilişkini ortaya koyar.
- İlahi planla arandaki bağı, para bir ayna gibi sana geri yansıtır.

- Para hep gelir ve gelecektir, sadece bazen geçmiş ve bilinçaltı bu akışı kesebilir.
- Paranın özünü tanı ve sorumluluğunu da al. Alabilirsen, o sana ulaşır.
- Parayı hep hayal et; bilinçaltı, hayalleri gerçek olarak onaylayıp kabul ederse: bunları sana zaten sunar.
- Para ile ilişkini iyileştir.
- Çok uğraşmadan para kazanma tuzaklarına düşme, aşırı hızlı olan hiçbir şey manevi veya değerli değildir.
- Para için sana abartılı vaatlerde bulunan herkes, senin için yanlış.
- Kendini oyalama, oyalanma. Erteliyorsan, bir sebebi vardır. Para korkun varsa kaynağına in.
- Sessiz kalan, kalbinin fısıldadığını duyar. Herkesle, her şeyi konuşma.
- Sana gerekmediği halde hep para vermeye kalkan biri, kendini yüceltme ya da seni yönetme peşinde de olabilir. Fark et.
- İlişkiler ve para, kol kola yürür...
- Paraya bakarken, olumsuz duygular içinde olma.
- Paraya dair sözlerin, hayatla birer anlaşma yapıyor.
- Her paraya dair söz; niyet, dua, dilektir.
- Para konulu, olana da olmayana da şükret.
- Senden istemeden giden bir şey, sende bolluk-bereket enerjisini kapar.

MANEVİ OLARAK YÜKSELEN RUH, BOLLUK FREKANSINA DA GEÇECEKTİR.

Kötü bir dönemden geçiyorsan, bu karanlık yolculuğunda senin kalp ışığın yolu aydınlatacak. Her yer karanlıksa, sen gönlünü ışık sayıp yolu açacaksın. Karanlıkta kalan ruh, artık kendi içselliğine, özüne doğru yol almaya başlar. Böylece de olması gereken kişiyi aslında bulur. Cesaret, sabır ve sezgi ile bu gibi zamanları aşarız. Elini neye atsan, sonu kötü geliyorsa: geçmişten gelen bir blokajın artık seni terk etmek için can atıyor demektir. Para sorunu yaşayan kişi, aslında manevi bir tıkanıklık yaşıyordur. Blokaj kalkınca ortadan, para sorunu da çözülecektir. Kendini onayla, onayı dışarıdan bekleme. Başkaları, senin hakkında ne düşünüyorsa düşünsün, bunlara takılma. Kendin yapar ve başarırsan, güç sende kalır. Onlar için yaşayarak bir şey elde edersen, o durum ödünçtür. Başkalarından onay bekleyen ruh, kendi gücü ile hareket edemez. Bu şekilde, geçici bir şey elde etse bile, duruma kendini özde layık görmemiş olur. Gelen para veya zafer de sonradan gider…

Kendine koşullar koyma, kendini sınırlama. Bunu alırsam mutlu olurum, şu kadar para gelirse bu iş çözülür, ancak param artınca mutlu olurum… Koşullar sınırlamadır. Allah'a bırak, hayırlısını iste, benim için ve "en yüksek hayrıma olan" şeklinde niyetle yola çık. Yalnız geldiğin bu boyuttan, yine yalnız ayrılacaksın. Kendi iç sesin ve kendi iç gücün ile tanışmaya hazır ol.

ALLAH'IN HUZURUNDAN GELDİN VE TEK YOLUN, YÖNÜN YİNE ALLAH'A.

Hayatta her şey Allah'tan istendiği gibi, bolluk ve bereket de yine O'ndan istenir. Bu kitaptaki manevi yolları deneyip duaları da okudukça "saf ve temiz" enerji ile istemiş olacaksın parayı. Seni aşağı çektiğinden emin olduklarını bırakma, sevgiyle yollama zamanın geldi. Bırak ki yeniye, bolluğa da yolun açılsın. İnsan yeni bir şeye kavuşmak için, eski bir bağımlılığı ya da hatalı bir kararı aslında bırakması gerektiğini hem bilip hem de bundan çok korkuyor. Şu anki durumunu değiştirmen için bırakman, yeniye cesaret etmen gerek. İlk adımın bu. İnsan aslında, tüm hayatı boyunca "bırakma-bitirme-ayrılma" üzerinden imtihanlar verir. Başka bir boyutu bırakıp dünyaya gelir, sonra bedenini bırakıp buradan gider, anne karnını bırakıp yaşama gelir, çocukluğu bırakıp olgunluğa geçer, buradan ayrılıp Allah'a yeniden geri döner... Hep bir bitiş ve ayrılma söz konusudur yani. Bir durum veya koşul seni artık "bırakmaya" mecbur ediyorsa, bu kadersel yani dönüm noktası bir zaman olabilir. Sen de mesajı alıp artık ilerlemek zorundasın. Kendini bolluk ve berekete layık görüyorsan "kendini değerli hale getirmen" gerek. O zaman, sana değersiz hissettiren şeyler son bulmalı.

KENDİNE BUGÜNE KADAR YAPMIŞ OLDUĞUN TÜM HAKSIZLIKLAR İÇİN "ÖNCE KENDİNDEN" AF DİLE VE GEÇMİŞTEN AYRILIP, ÖZGÜRLEŞ.

Kendini suçlama artık, ne olduysa oldu, yaşam dersi alındı ve bitti. Kendinden belki de bugüne kadar bolluğu, bereketi sen esirgedin: bu konu ile yüzleş. Kendine sen değer vermemiş olabilirsin, o nedenle değersiz ilişkiler içinde olup bereketten de uzaklaşmış olabilirsin. Aydınlanman ve fark edişin net olarak başlayınca; eline geçecek paraların miktarı da artar. Para, soğuk ve zor, sert ve iddialı bir kavram değildir. Paradan korkan ruhlar, geçmişte paraya yanlış anlamlar yükledi. Sen de ortak bilgi havuzundan bu hatalı varsayımları kendine çektin. Bunlar artık senin gerçeğin olmak zorunda değil, sen dönüşüm için artık hazır olmalısın. Yanlış konular, yanlış insanlar, artık sana hiç hizmet etmeyenler yaşamından gitmesin diye çaba sarf ederken sen, kendine bolluk frekansında zarar vermiş olursun. Senin para koşulun, başkasına bağlı değil. Sadece sana bağlı. "O olmazsa, param olmaz... Para onun sayesinde geliyor... O gelmezse, para da gelmez..." gibi kendini kandırdığın fikirleri bırak.

Para sınırsız ve sonsuz, kaynakta herkes için var olan bir enerji. Sen alma enerjini açınca, bir kapı kapansa dahi o bambaşka kapılardan sana akabilendir. Para konulu yaşamış olduğun, eski ve olumsuz hiçbir şeye sakın direnç gösterme, isyan da etme. Bunları seni kendi zirvene çıkaracak fayda içeren araçlar olarak gör. Gidenlere, yardım etmeyenlere de kızma. Onlar da o görevle, başka açılardan sana aynalık etmek için gelmişti. Sen onlar olmadan da yapabilirdin, bunu göstermek için gittiler... Kötü anı yoktur, olmuş olan: gerektiği için deneyimlenmiştir. Her yaşanmış konu, sen potansiyelini ortaya koy diyedir. Yaşamda iyi ve kötü olaylar vardır; bunlardan nasıl fayda görüp hayrına çevireceğin sana bağlı. Her yaşanmış kötü gibi görünen olay bile paraya da dönüştürülebilir, kitapta sana bunları zaten aktarıyorum kendi hayatımdan örneklerle. Yaşamına gelen her kişi açıkça ya da dolaylı para ve bollukla alakalı sana aslında bir şeyler gösterir. Mesajları almak elinde.

Bu boyuta gelmen, başlı başına bir mucize.

Allah seni dünya boyutunda görmek istemiş ki gelmişsin. Bu eline geçen mucizeyi donatmak, büyütmek şimdi senin elinde. Çok parası olan, bolluk içinde olan, bereketini artıranlardan senin bir eksiğin yok. "Ama onlar şöyle, onların şansı şuydu..." deme, onlar önce inanmış, sonra hayal etmiş, bilinçaltında hak ettiğine inanmış, almaya kendini kodlamış. O zaman sen de yap. Benim yaşadığım semtte çok lezzetli yemekleri olan bir restoran var, aslında kendi alanında bence Türkiye'de tek ve en iyi, fakat hep çok az müşterisi var. Yemek mükemmel ama içerisi boş gibi. Bunu sebebi, mekanın sahibi. Ne zaman bu beyefendi ile sohbet etsem yakınır, pahalı ürünlerden bahseder, rakiplerini kötüler, bahaneler bulur...

Bu bakış açısı maalesef o mekanda, o lezzetlerin bile önüne geçiyor. Enerji ve etki, inanç ve bilinçaltı para kazanırken çok önemli. Allah seni çok kutsal görüyor ve o şekilde yaratıyor. Sen bu değere sahip çıkıp, değerine değer katma durumundasın. Allah'ın yeryüzündeki yansıması insan, hayırlı bir biçimde bolluk alanında da elinden geleni yapmalı. İnsanlarda içine sinmeyen bilgileri alıp kabul etmek zorunda değilsin, senin içine sinen senin için doğru.

Gereksiz her fedakarlığın, hem karşı tarafta hiçbir işe yaramayacağını hem de seni bolluk anlamında sınırlayacağını unutma. Başkaları için istenmeden verilen, senden giden yani kaybedilendir. Destek olmak ayrı, senden gitmesi yani seni eksiltmesi ayrı. Ciddi servetleri olan insanların ortak özelliklerinden biri, "hayır" diyebilen kişiler olmalarıdır. Gereksiz fedakarlık kıtlık yaratır. Fedakarlık yapıp, ileride alırım sanıyorsun ya... O öyle olmuyor, kendinden azaltıp alamayacak hale sokuyorsun kendini. Mesela birinin borcunu ödüyorsun; ona iyilik yapmak değil bu belki de. Bazen bırak ki o, o süreçte gereken zorlu deneyimler ile kendi ruhunu güçlendirebilsin. Belki birine para verip, onu sorumsuz olmaya itiyorsun... Her gereksiz fedakarlık, seni özünden uzak tutmaya başlar. Bu, enerji kaybetmeni tetikler, sonunda gelmen gereken noktadan uzak düşersin. Hayatta çok fedakarlık yapıp, karşı tarafı güçlendirip kendi düşüş yaşamış çok insana şahit oluruz. Başka insanların yükü, sana ait bir enerji değil. Onları sırtlaman, onları tam olarak kurtarmadığı gibi kendi alma-verme dengeni bozar. Bu gibi haller, tekamüle de olumsuz etki edip yaşam yolunda bereketi bozar. Destek vermek bazen iyidir, her şeyi üstlenme sakın. Bereketi artırmak istediğiniz alanda, biberiye tütsüsü yapıp fesleğen yetiştirin. Kaya tuzu ve su karışımı bulundurun, su bitince: kaseyi lavaboda yıkayın. Karanfil tanelerini cüzdanınızda bulundurmayı ihmal etmeyin. Para odaklı olumsuz bir olay gelişirse, o anda hemen: imgeleme ile yerine yeni-olumlu bir sahne koyun. Parasızlık bir eğitmendir, parasızlık geldiyse gidecektir. Kendini feda ederek, bolluk frekansına geçemezsin. Kendine paye ver. Yol alırken para konusunda, elbette zorluk, darbe, haksızlık, acı da olacak. Bunlar yoksa, zafer de yoktur çünkü... İnsan, hayatında onu başka biri olmaya itecek olaylar yaşıyorsa: o hayat doğru ve dolu dolu yaşanmış demektir. Sen değişince, para ile ilişkin de değişecek. Para hayatın alt üst olduysa, şimdi sana yeni ve bambaşka bir şans verilecek demektir.

BİLİNÇALTINDA KAZANMADIĞIN PARAYI, GÜNLÜK HAYATINDA DA KAZANAMAZSIN!

Dilediğin miktar önce varmış gibi davran. Bilinçaltı kaydı girince, o miktarı sana çekmek için elinden geleni yapmaya başlayacak… Paranın da içindeki maneviyatı gör ki, para sana gelebilsin.

BUĞDAY DAİRESİ

Aşağıdaki dairenin etrafına 8 adet buğday koy.

Her bir buğdaya daha önceden Şems ve Mülk Sureleri okumuş ol.

Sonra, dairenin içine 8 adet karanfil koy.

Bir gece sayfa açık şekilde kalsın, yatak odanda baş ucunda beklet...

Ertesi sabah buğdayları kaynat ve tüket.

Karanfilleri cüzdanına yerleştir.

Bolluk ve bereket seninle olsun...

PARA DAİRESİ

Aşağıdaki dairenin içine bir demir para koy.

İSM-İ AZAM, KENZÜ'L-ARŞ, CELCELUTİYYE dualarını oku.

Para bir gece bu şekilde dursun sayfada.

Sabah bu demir parayı cüzdanına koy, 7 gün cüzdanda dursun.

Sonra parayı harca...

Harcadıktan sonra 1001 defa YA REZZAK esmasını oku.

Bolluk ve berekete niyet et.

PARA ve BOLLUK İÇİN, EN YÜKSEK SEVİYEYE GEÇİŞ...

Paranın hep peşinde koşup, yaşam boyu hep parayı ıskalamış çok insan var. Para, kovalanarak elde edilmez; para frekansına uyumlanan kişi, onu zaten kendine çeker. Sen bilinç seviyeni değiştirip, farkındalığını artırarak bolluğa geçeceksin. Çaresizce sağa sola saldırıp, hep aslında kaybedecekmiş gibi tutarsız adımlar atarak değil… Aşırı çaba, aşırı zorlanma, hırpalayan mücadele değil, değişmiş bir temiz enerji ve frekans ile yol almaya başlaman gerek. Zihin ve inançla, hayatlarımızda pek çok şey yönetiliyor, artık 10 kitaptır sizlere bunları anlatmaya çalışıyorum. Enerji kullanmada sen ustalaştıkça, doğru ve net eylemle sonuçlara gidersin bolluk dünyasında. Kaliteli ve net enerji kullanımı, yoğun istek ve inanç, saçma girişimlerden üstündür elbette. Bilinçaltında ulaşmış olduğun miktar sana çekilir. Hazır olduğunda para, sana sunulur. Olan ve olmayan, evet, yine seninle ilgili…

Yaşamda başarının sırrı, içindeki liderle tanışmanla bağlantılı. O lider senin içinde de var, herkes kendi yaşamındaki tek liderdir. Dışarıda lider arama, dış dünyadakiler sana hep bir yere kadar hizmet edebilir. Bir lider her şeyden önce geçmişle uğraşmaz, geçmişi affederek bırakırsın. Bırakamıyorsan, o kişi zaten sana aynalık için geldiğinden ötürü: o affedemediğin konunun içinde senden bir öz olduğu içindir! Kendinde aslında neleri affetmekte zorluk çıkarıyorsan, bu konu yaşamda başkaları üzerinden sana anlatılır. Neden affetmediğini çözünce, konunun seninle bağ ve ilişkisini de şaşırarak görürsün. Affedince ise seviye atlarsın, seviye atladıkça hedeflerine yaklaşırsın. Bu konu, para hedefleri için de aynıdır.

PARAYI ÇEKMEYE NİYET EDEN BİR RUH, ÖNCE KENDİNİ ÖNEMSEMEYİ ÖĞRENMELİ.

Kendinde sevdiğin yanlarını öne çıkar, kendine payeler ver, kullanmadığın gizli kalmış yanlarını artık ele al. Lider, yüksek amaçları olan kişidir. Para da liderlerin elinde olur. Senin aradığın çıkış yolu, başkasından gelmez. Ancak sen, kendine doğru sorular sorarsan, çevrendeki insanlar bu sorulara cevap olmak için sana çekilir. Bilge ruh, en çok kendine soru sorar, en çok kendiyle ilgili soru sorar. Tüm ilişkiler ve iletişimler, senden yansıyanlardır… Para yolunda da sana kimlerin eşlik edeceği, senin enerjinle ilgili yani. Yani bir ilişkide, zaten kendini görürsün. Sakın para kaybettim diye üzme kendini, parayı kaybetmiş kişi artık onu kazanmak için bilgece çok daha hazırdır. Bir şeyi kaybettiysen, onunla ilgili birçok şeyi artık çok iyi bilirsin. Yani bu alanda liderleşmeye başlarsın. Bastırdığın konular, değişik hallerde tekrar ederek karşına çıkacak, o nedenle para alanında nelerden kaçtığını bul. İçsel olarak zorlanmaya odaklanırsan, parayı zor çekersin. Dikkat et, senin de çevrende parayı çok kolay ve rahatça çekebilen kişiler var. Kendiyle samimi şekilde bağlantıda olan ve öyle kalan ruh, para için doğru kanallarını açar.

KARŞILIKSIZ ALMAK VE VERMEK: KAYBEDİŞTİR.

Bir gün bana seansa, evindeki küçük buzdolabını satıp gelen bir danışan olmuştu. Ne çok hayran olmuştum ona. Tüm gücüyle kaderi ile iş birliği yapmaya hazırdı işte, bu tip ruhlar elbette kazanacaktır.

Senin kendine biçmediğin değeri, başkaları sana zaten biçemez.

Bir şey alman için, bir şey vermen gerekir. Vermeden aldıysan, senin olmamıştır. Yani, başka yolla senden gidecektir o şey… Senden karşılıksız hizmet veya başka bir şey bekleyen herkes, senin enerjini çalar. Enerjin gittikçe de güçsüz olur ve hedeflerinin peşinden gidemez hale gelirsin. Paraya yanlış anlamlar yüklemiş insanlarla zaman geçirme. Para istemekten, hakkın olanı talep etmekten çekinme. Vermeden alma çabası, zavallı bir fakirlik enerjisidir… En büyük zenginlik, ruhta başlar. Dünyaya faydalı olma çabası en büyük varlık durumlarındandır. Para yaşamının yöneticisi sen değilsen; maddi olarak hep savrulursun. Değerin bir kere düşerse, toparlanman zor olur. Önce kendine biçtiğin değeri ve onun etkisini fark et. Lider bilinç, hedef odaklı yaşar. Kararından dönmez, dış etkiye takılmaz.

Para kaybediyorsan, *senin kendine verdiğin değerle ilgili bir şeyler* ters gidiyor demektir…

Senin dünyada olman, bazı insanlara iyi gelmeli. Yaptığın işin içinde fayda da olmalı, insanlara hayırlı da gelmelisin. Bu koşulların içinde para kazanmak, daha güvenli, huzurlu, tutarlı olacaktır.

Reklamcılık yaparken, o dünya bana her zaman acımasız, materyalist gelirdi. O alan bitince yaşamımda, ruh olarak çok da rahatlamıştım. Yeni işimin manevi derinliği, insan ve duygu odaklı oluşu, duayı ve Allah'ı anlatıyor olmak bana çok iyi geldi. Yaptığın işin keyif vermesi, içine sinmesi, paradan bağımsız içinde manevi güçler de olması, bereketi de olumlu etkiler.

Zenginliği kötüleyenlerin başka konularda, başka dertleri var. Onlar bu durumlarını kendilerine bile itiraf edemez, bu ruhlara kanma. Paraya değer veren kişi, kötü değildir. Para sadece kötü bir amaç için kullanılırsa kötü olur. Gelen parayı sen istersen insanları, hayvanları, doğayı kurtarmak için de harcarsın. Para tertemizdir o zaman…

Öte yandan, kendini sadece para ile ifade eden ruh da gelişmemiş ruhtur. Taktığı, yediği, giydiği ile ön planda olan ruh, eksiktir. Parası olan kişi, dünya ve yaşam için hayırlı değilse, faydalı bir birey değilse, parası onu zaten asla üstün yapmaz.

PARAYA HİÇ DEĞER VERMEYEN RUHLARIN, ASLINDA BAŞKA SORUNLARI VARDIR…

Sevgiyi hiç istememek ne kadar saçmaysa, parayı hiç istememek de öyle. Sürekli "para kirli" telkini yapan kişilerin, korku ve kaygıları vardır. Zenginliği olumsuz bulan, para için çabalayanı küçük gören zihniyet doğru yolda değildir. Yaşamda bir alanı tamamen bu şekilde reddetmek, kişinin kendinde **yüzleşmediği bir blokajla ilgilidir.**

"DEĞERİNİ" DÜŞÜRÜP YAPTIĞIN HİÇBİR ŞEYDEN, ARZU ETTİĞİN SONUCU (PARAYI) ALAMAZSIN.

Para; bir enerjidir, akarak ona ait kişilere ulaşır. Paraya odaklanmayı suç veya kötülük gibi gören insanlara yakın olursan, elbette parayı çekmen zorlaşır. İnsanda akmaya hazır bir enerji vardır, elbette isterse doğru ve hayırlı yolda para akışı için de bu enerjisine yön verebilir. Parayı kötülersen, bu alanda blokaj başlatırsın. Bütün gün pahalılıktan söz edersen, kıtlığa geçersin. Sürekli biriktirip hep harcamaktan kaçarsan, ummadığın bir sorun çıkıp o para senden çıkar. Paraya değer ver, kendine değer ver, bu iki değerli etki birbirine çekilecektir…

Paraya kötü anlam yükleme, eski kötü deneyimlerle yaşam dersini alıp bağı kes. Aşırı para odaklı da olma, çünkü daima hatırla: "Aşırı" olan her şeyde sorun vardır. Gizli bir biçimde, bu aşırılık da kıtlık demektir.

Parayı yargılayan para kaybeder, paraya karşı olumlu kalan ise: kriz bile yaşasa bunu hızla fırsata çevirecek manevrayı yapar. Paraya bakış açın değişirse, onun sana geliş miktarı katlanır. Yüksek bilinç seviyesinde olan ruh, hayatın içinde zaten çok önemli bir konu olan "para" hakkında olumsuz enerji üretmez. Suçluluk ve pişmanlık para kaybettirir. Bilinçaltına ben suçluyum dersen, o da seni iyi şeylere layık görmez, kıtlık verir. Pişmansan ve bunu geçmişte bırakıp aşamıyorsan: bilinçaltı bir cezalandırma yolu bulup bunu para üzerinden de yapabilir.

Çok uzun zaman iş arayıp bulamayan ya da az paraya çok çalışan biri, değersizlik deneyimliyordur. Para hep akıştadır, yine akışta olan ruhlarla buluşur. Kısa sürede çok fazla kazandıran çoğu sistem yanlıştır, içine sinmeyen yolla para kazanmaya çalışma. Paranın üzerine yüklediğin anlam ve duygularla, senin para dünyan oluşur. Para dünyası son derece bilgelikle ele alınmalı, paraya hak ettiğinden az anlam da yüklenmemeli.

PARA, YAŞAMIN İÇİNDE AKAN BİR ENEJİDİR.

"Para da enerji kuralları ile çekilir yaşamlarımıza..."

Zengine düşman olan, fakirliğe yemin etmiş gibidir. Kıyas zaten kıtlık demektir. Tüm parasını rahatça harcayan ve hiç harcayamayan hep korkan... İki uç gibi görünse de bu iki tip insan aynı potadadır. Harcamayı tamamen durdurmak, hayat akışını ve enerjiyi bozar. Sürekli ucuzu kovalamak, aslında parası varken de hep ve gereksiz ucuza yönelmek kıtlığın tekrar etmesidir. Bu şekilde tavır, yeni kıtlık senaryolarını da üretir. Paranın geleceğine bilinçaltında inanan kişi, "gerektiği ölçüde" harcarken rahat olur. Bilinçaltında para oluşturmadıysan, günlük yaşamında o para sana akmaz. Cimriliği başarı gibi gören ruhlar, sana bir şey katamaz. Para liderliğinde, bu tarz kişilerden nasihat alma.

İÇ DÜNYASI MANEVİ ANLAMDA ZENGİN OLAN RUH, MADDİ ZENGİNLİĞİ DE DENEYİMLER.

Bazen hiç ihtiyacın olmayan bir şeyi, sadece indirime girdi diye alırsın ya bu zeka değildir. Bu da gizli bir kıtlık, korkudur. Hâlâ ucuzluğun peşinde koşmak, gerekmediği halde o ucuza para vermek: bollukta değilim ben mesajı vermendir kendine, bilinçaltına…

Gösteriş peşinde koşmaksa, başka alanlarda ben hep kaybedenim demektir. Mutlu birey, para konulu gösteriş içinde olmayı seçmez.

İç dünyan güzel ve dinginse, için zengin ve mutluysa: senin kazandığın para sana iyi gelir, bu paran hep artar.

Parana sakın kötü davranma!

Nasıl ki birine kötü davranınca o ilişki bozulursa, para da bir enerji olduğu için kötülük karşısında, o da senden soğur. Aşırı biriktirme, boşa harcamak, değeri bilmemek gibi tutumlar para ile ilişkini bozar. Paraya yanlış anlam yüklemek ve gereksiz duygusallık, para kaybı yaratır. Kolay para kazanma yollarının tamamı, kutsallıktan ve bilgelikten uzaktır. Unutma ki, sen paranın da kutsal ve manevi yolla sana akanını seçiyorsun gerçekte.

İNSANLIĞA HİZMET eden her şey kutsaldır, gelen parayı birilerinin iyiliği için de ayırmayı ihmal etme.

Para bilge ruhu sever ve seçer, bilge olmayan ruhlarda kısa süreli kalır.

Amaç para olmamalı, para ile yapılacak "büyük amaçlar" edinmelidir bilge ruh.

Para; onu tanımayan, anlamayan, iyi yönetmeyen, ona değer katmayan her ruhu terk eder. Parayı hak ederek yoluna devam edecek ruhlara doğru çekilen para, doğru akışı da bulduğu eve yerleşir.

Öz sorumluluk almadan, sadece başkaları sayesinde kazandığın para, senin değil onların parası gibidir. Yani o insanlar olmasa, sen hiç kazanamaz gibi olursun. Sorumluluk al ve kendi iç potansiyelini fark et.

Para faydalı bir araç olarak yaşamda insana iyi gelir, kötü veya iyi değildir. Kimlerle, nasıl, ne için kazanıldığı ile ilgilidir konu…

Bilinç seviyesi ve manevi zenginliği artan ruh, artık paraya dair de daha güçlü hedefler koyar. Günübirlik yaşayan biri, sana hizmet etmez.

Paranın küçüğü büyüğü olmaz. Para her miktarında enerjidir, az muamelesi yapılınca da azlığa geçer. Yaşamında azalır. Aza değer kat ki, çoğa geçsin.

Senin kazandığın para, başkalarına da bir şeyler katarsa: paranın bereketi artar.

Para kazanırken, para hedeflerken kişi samimi duygular içinde olmalı. Yani enerji, saf ve temiz kalmalı.

Etrafında gördüklerin senden yansıdı. Sende olanı, çevrende görürsün. Yani; bilinçaltın da bolluğa geçince, bolluk çevrende ve yaşamında seni bulacak.

Etrafındaki insanlar senin enerjindendir. Etrafındaki insanlar bile senden yansıyanla ilgili. Ya sana bir şey gösterecek, ya öğretecek, ya yaşam dersinde rol oynayacak. Bu, para konusunda da böyledir, paranı alan sana kıtlığını gösterir ya da sana iyi kazandıran işi bulan sana sendeki bolluk isteğini yansıtır.

Gün içinde parayı ne kadar düşünüyorsan ve ne kadar süre ona anlam katıyorsan, o denli para sana koşar.

Senin para ile ilişkini ve paraya karşı değerini bu dünyada, senden başkası belirleyemez.

Sevmeden, salt para için yapılan iş "değer düşürür", zamanla da zaten parayı çekemez hale gelir kişi. Zorunda kalarak yapılan bir şey, değersizlik enerjisi yayar.

Güçlü ruh, acıdan kaçmaz. İddialı yollardan geçerken, acı da çekilebileceğini peşinen kabul eder. Hiç acı çekmeden, büyük para zaferi de olamaz. Kişi, bazı bedellere hazır olmalı.

Büyük bir zenginlik yaratmak peşindeyseniz, bu küçük hareketler ve küçük fikirlerle yapamazsınız. Büyük düşünen biri, cesur olmalıdır.

Her insanın bir maksimumu vardır. Yaşam boyu hep o noktaya varma arzusu var aslında insanın içinde. Sen kendi maksimumunu aslında bilmiyor olabilirsin. Para ile ilgili hedef koyarken, küçük düşünme. Önce kendi derinliğini ve limitlerini keşfet.

En büyük amacın kendin olmak, gerçek seni bulmak. Para kazanırken öz'ünden kopma.

Bir şeyi "çok" yapmak önemli değildir. Bilge ve arınmış bir ruhla yapmak sonuç getirir. Çok aşırı çaba, bilgisizce bir şeydir. Bilge ruh, gereği kadar çaba gösterir.

SADECE ARADIĞIN ŞEY, SANA ÇEKİLİR.

ARA... BULUNCA DA: ONAYLA, KABUL ET.

Günlük hayatta sürekli para konulu şikayette bulunup başkalarını yüceltip kendini yeren insanlar görürüz. Bu kişiler her an kıtlık enerjisi oluşturup yaymaktadır. Para ve bolluğu gerçekten yaşamına çekenler, parası varmış gibi davranan, bunu hisseden, bunu yaşamında onaylayanlardır. Bir insan gerçekten bolluk için yola çıkıp niyet ettiyse; sadece ulaşacağı sonuca ait olur artık. Ne çıkacak engele, ne olumsuz eleştiriye ne de korkulara yer bırakmaz. Para aramakla bulunmaz sananlar var elbette… Bu arama konusu şu şekilde işliyor: Parayı her an her an, çaresizce ve fiziksel olarak elbette aramak değil konu. Para ile ilgili blokajını ortadan kaldırıp, niyetini tam olarak buraya verip, bilinçaltını da programlayıp, sadece gerekli ve net hamleleri günlük yaşamda yapacaksın. Parayı bulmuş olanlar, onu gerektiği kadar aramış olanlardır. Onlar o zenginliği, ilk olarak bilinçaltlarında oluşturdular. Sonra gerisi geldi. Anlamsız ve başıboş hırslar yerine, azim ve doğru enerjide kalmak yeterlidir. Azim, olumlu bir enerjidir, hırs bazen yıkıcı olur. Azimli kişi üretken olup parayı hak etmeyi de seçer. Azim enerjisi ile yola çıkan, yenilenerek büyür ve para alanında da ilham dolu olur. Hırsın içinde acelecilik de olabilir, korku da gizli şekilde yer alabilir. Bu şekilde gelen para başka çıkacak blokajlarla senden gider. Zaaflara yenik düşmeden yol almak gerekir.

Babam bütün hayatı boyunca hep para ve iş anlamında büyük şanslar yakaladı. Yanlış hırsları nedeniyle, gelen her fırsatı zirvesinde kaybetti. Hep ya tepede ya da çöküşte oldu ölene kadar. Bunun sebebi, çok seviyor gibi göründüğü parayı aslında sevemiyor hatta ondan korkuyor olmasıydı. Babam para ve parasızlığı, tüm acı ve yıkıcı yönleri ile hayatı boyunca, önümde model olup bana göstermiş olmasaydı elbette bu bilgilere de ben ulaşmış olmayacaktım. Herkes elbette para konulu kitap yazabilir ama en derinden açlık, sefalet, evsizlik çekmiş birinden okumanız hem zevkli hem de size gerçekçi gelecektir diye umuyorum…

Yine çok parasızlık çektiğimiz bir dönemdi, annemin teyzesinde kalıyoruz. Çok uzun zamandır et veya et ürünü gibi şeyler yememiştim. Canım çok istiyordu ve hiç paramız yoktu. Anneannemin bana çok eski bir hediyesi olan, doğum gününde takılmış bir altın broş vardı, üzerinde adım yazıyordu. Büyük maddi değeri yoktu fakat önemli bir anıydı. Artık her şeyin canıma tak ettiği bir eşikte, bir gün yol param olmadığı için yürüye yürüye gidip bir kuyumcuda onu sattım ve salam aldım.

Eve geldiğimde elimde salamı gören annem, parayı nereden bulduğumu sordu ve anlatınca çok üzüldü. Ben ise şöyle bir çalışma yapmıştım o zamanki enerji bilgimle: Ben bu altını satıp canımın çok aşırı çektiği salamı alıp yiyeceğim ve artan param ile de kendime farklı birkaç İngilizce kitap alıp İngilizce özel ders vermeye başlayacağım. Böylelikle bu altın hediyenin anısı ve enerjisi benim yeni iş girişimimde yaşamaya devam edecek, yani benden bir şey gitmiş olmayacak hatta katkı oluşacaktı. Buna çok inanarak bunu yaptım. Salamı yedim ve artık canımı acıtan o et yiyememe durumu az da olsa son bulmuş oldu. Artan para ile aldığım yeni öğretici içerikte İngilizce kitaplarla ders ilanımı da verip birkaç öğrenci buldum ve az da olsa o dönem için rahatladım. O zamanlar zaten kolejde okuyordum burslu olarak. Burada elinde avucunda ne varsa sat mesajı vermiyorum asla. Zaten tüm çocukluğum satış, kaybediş, yitip gitme hikayeleri üzerine kurulu ama ben o dönemde o "hareketi" yaparak bir hareket, bir akış oluşturdum kendimce. Bazen bir girişim yapman da gerekir ki bir şeyler zincirleme tetiklensin...

Bir dönem yine sıfır para ile ortada kalan bir ablamız vardı, reklam ajansında mutfak işine bakıyordu. Eşi terk etmişti, gecekonduda yaşıyordu. Bir yerden sonra ödemek şartı ile buzdolabı almıştı. Hemen onu satıp bir para elde etmişti. O para ile çok daha küçük bir eve taşınmıştı, eski evinin artık kirasını ödeyemeyeceği için. Bunu yapınca, pat diye aniden ek bir iş daha buldu. Sonra az da olsa rahatladı, eski ödemesini yaptı ve önüne bakabildi. Burada konu, kendi aklınca ve elinden geldiği kadarı ile "bir hareket" başlatmış olmasıydı. Bir hareket ve cesur bir adım, başka olumlu ve yenilikçi enerjileri de çekecektir.

Para konusunda acele etmeyin, hazmetmeyenlere gelen para bazen aynı hızla gidiyor. İnsan acele edince aslında gecikir, acele şu demektir: Korkuyorum, buna layık değilim, gelse de giderse diye korkuyorum. Enerji yasası bu şekilde çalışmıyor. Acele olan her şey acele de gidebilir. Aniden gelenler ise ilahidir... Bazen aşırı uzun zaman uğraşırsın da olmaz, bir anda gelir sonunda. Daha doğrusu sen bir anda oldu sanırsın ama o oluşun içinde hep eski deneme ve mücadelelerin iz ve etkileri vardır.

Emek olmadan gelen, hayırlı değildir. Emek; oluşturmaktır, sürece inanmaktır, alt yapı kurmaktır. Emek kıymettir. Beklemek ya da sabır göstermek, güç kaybı değildir bilakis köklendirmektir. Emek veren demlenir, demlenmek ustalaşmaktır. Hayatı sürekli kontrol etmeye de çalışma, kısmet senin yerini zaten biliyor. İnsanın kadere, kısmete etkisi vardır ama koştukça da yine kısmetine yakalanır yolun sonunda. Sürekli kontrol etme isteğinin altında da korku yatar. Elinden geleni ve içine sineni yap ama sonunda, akışa bırak. Yaşam her an'da yeniden oluşur ve her an, binlerce şans ve fırsat içerir. Kötü sonuçları düşünüp bunları çağırma, para ve bolluğa iyi niyetlerle sen kalp kapını aç. Duanı et ve her şeyi tek Sahibine bırak.

Para konusunda sürekli çöküşler yaşadıysan, senin karmanda bu konunun yeri ve bazı ilahi anlaşmaları da var demektir. Kader seni aslında hiç yarı yolda bırakmaz, gerçek sen ortaya çıksın diye bazen seni zorlar. Her şey bitti sandığında, bambaşka bir sen ortaya çıkar, o nedenle o büyük zorluklara da ihtiyaç vardır. Olmayanları değil olmuşları, olacakları an. Kesin olarak inandıklarından vazgeçme. Şundan olmadı deme, öyle oldu/olması gerekiyordu/o şekilde olayın gelişmesi bana hizmet etti de...

Para bile iyilikle gelir. VE GELİRSE "İYİ OLAN"DA KALIR...

İçinde iyilik olan amaçlarla para ve bolluk istenmeli. Yapılan iş hayırlı olmalı, insanlara iyilik de etmeli. İyi bir yol izlenmeli. Para alanında bir tıkanıklık bile yaşıyorsan, bir iyilik yapmayı dene. İyilik dünyadaki tüm blokajların üzerindedir.

Bir insan sana bir şey öğretmeyecekse, yaşamına gelmez. Geldi ki sana bir şey gösterecek. "Para ve parasızlık yolunda da sana eşlik edecek, belki zarar verecek, seni sarsacak ve vesile olacak ruhlar sana çekilir. Bunlar da ilahi anlaşmadandır. Hep iyi deneyimler olmaz, hatta çoğu kez kötü olanlar daha etkilidir. Başına bir şey geldiyse, senin artık görevin oradaki hayrı bulmaktır. Anlamak ve keşfetmek için bu boyuttasın. Anlayan ve fark eden ruh, kademe atlar.

Mükemmel olman gerekmez, eğer bir adım atarsan gün gelip her şey mükemmel olacak…

Yol, yola çıkan için açılır. O adımı at!

Para ve bereket için attığın adımlar boşa gitmeyecek. Her iyi niyetli girişim bir dua ile birleşecek, en ilahi zamanda sonuçları ruhun görecek.

PARA OLUMLAMALARI

Tekrar ettiklerin kaderin olur. O nedenle tekrar ettiklerine gece ve gündüz odaklandığın cümlelere dikkat et. Buradaki olumlamaları kendi sen kaydınla dinle veya suya oku iç:

- PARAYI SEVİYORUM.
- PARA AKIŞINI YAŞAMIMDA ONAYLIYORUM.
- PARA BANA AKAR.
- BOLLUK BENİ BULUR.
- KOLAYCA KAZANIRIM.
- PARAYI SEVGİYLE KAZANIRIM.
- BEN PARAYI HAK EDENİM.
- BEN KENDİ YOLUMDA BOLLUKLA İLERLİYORUM.
- BOLLUK BİLİNCİNDEYİM.
- PARA İLE İLİŞKİM KÖKLÜ VE DEĞERLİ.
- GÜVENLE VE ÇOK KAZANIYORUM.
- MUTLULUKLA VE GÜVENLE PARA HARCIYORUM, PARAMI SEVGİYLE PAYLAŞIYORUM.
- YAŞAM, PARA VE BOLLUKLA DOLU.
- PARA HER YERDE BANA GELEBİLİR.
- BOLLUĞA KALP KAPIMI AÇTIM.
- BEN PARAYI EN DOĞRU ŞEKİLDE KULLANIYORUM.
- PARAM ÇOĞALIYOR.
- BEREKETİM HER GÜN ARTIYOR.
- HAYATA BANA KATTIĞI BOLLUK İÇİN MİNNETTARIM.
- PARANIN GELİŞİNE ŞÜKREDİYORUM.

***Değersizlik hissi* yaşayan ruh veya buna ikna edilmiş birey paradan ve bolluktan uzaklaşır.**

Yaşam boyu karşılaşacağınız birçok kişi, sizi veya hayallerinizi değersiz bulup sizi aşağı çekecektir. Kulak asmayın. Parası ve gücü olmayan, parayı kendi kazanmamış ya da hep kaybetmiş insanlardan, bolluk bereket adına nasihat almayın. Size iyi gelmeyen ortamlar kadar, iyi gelmeyen insanlar da elbette bereketinizi kapatır. Çok inanmış olmak, istemeye hep devam etmek, çıkan engellere inanmamak çok önemli.

BOLLUK OLUŞTURMA SAYFASI

Para ve bolluk adına, hedef ve niyetlerini 8 maddede topla. Aşağıdaki boşluklara, sadece olumlu ifadeler kullanarak yaz.

1.
2.
3.
4.
5.
6.
7.
8.

Bir hafta boyunca, odanda uyurken bu sayfa açık dursun.

Her gece bu sayfanın üzerine 1000 adet YA REZZAK oku.

Yazmak, oluşturmak ve bir yerde kayıt açmış olmak gibidir. Sonuca yaklaşmaktır…

"Allah'ım rızkı ancak sen verirsin. Senden istedim, sana teslim oldum, sana sığındım ve güvendim." şeklinde duanı et.

ALLAH,
DİLEDİĞİNE
RIZKI
GENİŞLETİR,
DİLEDİĞİNE
DARALTIR.

RAD/26

KARMA çalışmaları ilk etapta elbette aile üzerinden ve GEÇMİŞ ile ilgili olarak başlar. Dua ve bilinçaltı ile dönüşümü, bolluk kapılarını açar. Ailen nasıldı... Sence sana neler yüklediler para ve kazanç hakkında... Nelere inandılar parayı kazanırken... Nereden geldiler, fakir miydi geçmişleri, çok para hatası yaptılar mı... Onlara hayat yolunda neler oldu... Ataların hakkında gerçekten berrak ve öz bilgiye sahip misin para konusunda?... Tüm bu gerçekler, onlardan sana geçti ama olumsuz tarafları seni bugün zarar da göreceğin şekilde etkilemek zorunda değil, seni kıtlığa sürüklemek zorunda değil. Atalardan DNA ile geçiş yapmış ama senin için doğru olmayan anıyı veya inancı dönüştürmelisin para alanında...

Hükmünü yitirmiş bir enerji, sana para kazandırmayan bir kod artık seni bloke etmemeli.

Aile kaderdir ama oradan sana geçen eski para kayıtları dönüştürülebilir ve bu, kaderin değildir.

"Niyet ettim bu gece ve devam eden 21 gecede geçmişten gelen tüm olumsuz para konulu eski enerji mirasını hayırlısı ile yaşamımdan tümüyle, tüm zamanlara doğru arındırmaya" diyerek başlanacak. Aşağıdaki kuvvetli uygulama, büyük bir inanç ve teslimiyetle 21 gece ve günde dönüşüm başlatacak. Takip eden takribi üç aylık süreç içinde, yaşamındaki kökten yansımaları fark edeceksin, Allah'ın izni ile.

Gece:

786 Besmele çekip 7 Salavat okunacak; bu bir giriş aşaması olacak.

TEVBE SURESİ okunup, istiğfar edilecek.

Ardından: Fetih, Kevser, Fil ve Kureyş Sureleri konuya niyet edilip birer kez okunacak.

Ardından HACET NAMAZI kılınacak.

7 adet ŞEMS SURESİ okunacak.

Bakara Suresi ilk 5 ayet okunacak ve tamamlarken Kaf Suresi okunacak.

"Allah'ım bolluk, bereket, hayırlı kazanç için girdiğim bu yolda eskiyi bırakabilmeyi ve bereketine açılmayı en doğru şekilde nasip et" diyerek mühürleme yapılacak. 1000 adet ER-REZZAK çekilecek.

Bu tip iddialı bir yola çıktığında, gerçekleşeceğine teslimiyetle inan. Unutma, burada dualar var ve muhatabın Allah. O, seni duyuyor. "İste ki vereyim" diyor… Bolluk dolsun yolun…

ALLAH KABUL ETSİN, AMİN.

PARA VE BOLLUK, ÖNCE DÜŞÜNCE İLE OLUŞUR

Aşağıdaki olumlu inanç kalıplarının üzerine (sayfaya doğru) etkiyi artırmak ve yoğun kılmak adına 1000 defa YA BEDÎ', YA REZZAK, YA GAANİ, YA GÂLİB esmalarını okuyup, kendi sesinizle her birini 10'ar defa kaydedip 21 gece boyunca uyku öncesi dinleyin. Alfa frekansı etkisi ile, bu çalışmanın uyku öncesi yapılmış olması bilinçaltının buradaki cümlelerin özünü gerçek olarak kayıtlayıp bunların içindeki unsurları size sunmasına sebep olacaktır. Dinleme bitince, gözler kapalı beyaz bir ışığı üçüncü göz noktana indir ve bu noktadan içeri alıp tüm vücudunda gezdir ve şifaya izin ver. Bu bölümdeki her bir kelime ve etkisi özenle seçilmiştir. Çalışma harfiyen yapıldığında 3 ay gibi bir süre içinde, büyük etkileri görülebilir.

BEN İHTİYACIM OLAN GÜCE SAHİBİM.

HER AN BOLLUK VE OLUMLU SONUÇLAR İÇİN FIRSATLAR ELDE EDİYORUM.

BAŞARILIYIM VE DOĞRU PARA HEDEFLERİM VAR.

FIRSATLARI HEP EN DOĞRU ŞEKİLDE, KENDİ FAYDAM İÇİN KULLANIRIM.

GELECEĞİM İÇİN GEREKEN HER ŞEYE SAHİBİM.

HAYATIM BOLLUK VE BEREKET İLE DOLU.

BANA ŞANS VE PARA GETİREN BİRÇOK ŞEYİ EN KOLAY BİÇİMDE ÇEKİYORUM.

HEP DOĞRU ENERJİLERLE İŞ BİRLİĞİ İÇİNDEYİM PARA ALANINDA.

İÇİMDE PARA VE BOLLUK ADINA, HEP DOĞRU İLHAM VAR.

KISMETİM VE BEREKETİM AÇIK.

KISMETİMDE OLAN HER ŞEYE EN KISA ZAMANDA KAVUŞURUM.

KENDİMİ SEVİYORUM, KABUL EDİYORUM, KAZANMAYI ONAYLIYORUM.

ALLAH BENİ SEVİYOR, KORUYOR, BANA RIZKIMI VERİYOR.

HARCAMALARIMDA RAHATIM.

PARA ALANINDA ÖZGÜRÜM.

ALICI FREKANSTAYIM, YÜKSEK GÜÇLE İŞ BİRLİĞİ İÇİNDEYİM.

HER DUAM DUYULUYOR, BOLLUK BENİMLE.

BEREKETİ SONSUZ OLARAK ALIYORUM.

BEN İSTEDİĞİM HER ŞEY İLE ALABİLİRİM VE BUNLARI ALMAYA LAYIĞIM.

OLUMSUZDAN, OLUMLUYA GEÇİŞ

Beyaz bir kağıdın bir yüzüne PARA ile ilgili dertlerinizi sıralayıp yazın.

Diğer yüzüne de çözülmüş hallerini ve dileklerinizi, bolluk hedeflerinizi yazın.

Dert yazılmış tarafa ŞURA SURESİ okuyun.

Olumlu tarafa da ŞEMS SURESİ okunacak.

Bu kağıt, bir gece odanızda ışık görmeyen bir yerde bekleyecek.

Ertesi sabah, olumsuz taraftaki her bir derde, soruna, olumsuza iyice odaklanıp tek tek kendi cümlelerinizi inceleyip, bunların size neler kattığını bulacaksınız.

Negatif pozitife dönüşecek…

Her kötünün içinde bir iyi bulmaya çalışacaksınız.

Tek tek bulunduktan sonra, tek tek verdikleri hizmet için teşekkür edilecek.

***

1 gece daha bu şekilde kağıt saklanacak.

Ertesi sabah, olumlu taraf ele alınacak.

Oradaki olumlu yazılanlar, dilekler gerçek olunca ne gibi sonuçlar yaşanacak, sen neler hissedeceksin, neler deneyimleyeceksin…

Hepsini canlandır ve detaylara in.

Olmuş say, baştan teşekkür et.

İmgeleme yap, canlandır…

***

Son gece odanda, kağıt yastığının altında olarak uyu…

Ertesi sabah, kağıdı olumsuzu içeri, olumsuzu dış tarafa gelecek şekilde katla ve suya at.

1001 kere YA HAYY oku.

Sevgiyle getireceklerini kabul et çalışmanın.

VE ÖYLE DE OLDU.

BEREKETİNİ TIKAYAN, ESKİ KARMA BORÇLARI, BEDDUALAR, KUL HAKLARINDAN KURTULUŞ:

Geçmiş, sana dileklerin için çıktığın yolda blokaj koymamalı; arınmalı, tamamen saf ve berrak bir enerjiye geçmeli o şekilde paraya niyet edip bolluğa giriş yapmalısın.

İlk önce:

7 kere İstiğfar edip, 21 Salavat çek. 21 Besmele çek…

TEVBE SURESİ'ni oku. Ardından "Allah'ım, rızkım için sana inandım, sana güvendim, bu çıktığım yolda bana güç ve destek ol. Geçmişten gelen artık bana yük olan tüm eski, negatif, bana engel teşkil eden enerji yüklerini şimdi ve tüm zamanlara doğru bıraktım. Niyetim, dileğim, bereketim, bolluk yaşamam için kapıları açmamda bana yardım et, amin." şeklinde duanı et.

FİL, MÜLK, KUREYŞ, KEVSER VE TAHA SURELERİNİ oku.

100 kere YA NUR çek ve niyete gir.

Beddua etme, her konuyu ve yaşanmışı, yapılmış negatifi Allah'a bırak. Allah, kuluna dilerse elbette para konulu birçok imtihan da gönderir. Ayette de buyuruyor ki, iyilik de kötülük de O'ndan geliyor, bir yaşam dersi yani imtihan için bizleri buluyor. Beddua, para niyetlerinde de sana blokaj oluşturacağı gibi, o insanla aranda hâlâ negatif bir enerji geçişi olmasına da izin verir. Senin paranı almış, borcunu ödememiş, sana para konulu haksızlık yapmış olan kişiler de hep imtihandır. Başkası için kötülük istemek, aslında kendin için kötülük istemendir ve bereketi kapatır. Teslim olmak ve eski eterik bağı kesmek, saf enerjidir. Kalp kapının açılması ve bolluk için olumsuzdan uzak ol. Girmiş olduğun kul hakları için, aileden veya başka zamanlarda sana geçiş yapmış karma borçları için, mutlaka tövbe et. Gerçekten ve samimi kalple tövbe eden -Allah isterse- kul hakkı, karma borcu günahlarını işlememiş gibi olur.

Benzer benzeri çeker. Dileğinin frekansı ile bir ve eş olursan, o sana gelir. Bolluk frekansına seni geçirecek bu özel terkip, sana iyi gelecek.

İlahi sistemi bilen ve buna dayanan, umutsuz olamaz.

Rızık akışı, sadece Allah'tan gelir.

Dilekler için kolaya kaçmadan arınma ile başlanmalı. Para kazanman için de önce geçmişin olumsuz yanlarını bırakman şart.

Her şey sana etki eder, sen de her şeye aslında etki edecek güçtesin. Her an'ın içinde yeni fırsatlar dolu.

Bolluk ve para akışı, senin doğuştan hakkın...

CÜZDAN VE PARAYI OLUŞTURMAK

Cüzdanlar çok önemli enerji alanlarıdır ve para ile ilişkimizde büyük etkisi vardır. Cüzdana yüklenen anlam, nereden alındığı, eskiliği, rengi, içindekiler enerji anlamında etki taşır. Cüzdanın içine sana olumsuz çağrışım yapan şeyler koyma. Cüzdanın içinde eskiye ait ve artık hizmet etmeyen şeyler taşınmamalı. Korku ya da umutsuzluk sembolü olan şeyler tutulmamalı. Cüzdan para enerjisi taşır, para titreşimi yayar. Parayı çeken ve parayı seven enerji ile dolmalı. Çok fazla resim, fatura, kullanılmayan detay biriktirilmemeli. Zamanı geçmiş kağıt ya da notlar, bize katkısı olmayacak kişilere dair kartlar içinde durmamalı. Kullanmadığınız şeyleri cüzdana doldurmak, para akışını bloke eder. Resim ve para yan yana gelince: o kişi ile arandaki para ilişkisi hakkında bazı gelişmeler söz konusu olur. Başarı için olumlalar yazıp koy, defne ve çörek otu koy, akik taşı ve pirinç koy.

Kimliğin özeldir ve titreşimi başkadır, kartlardan ve paradan bunu ayrı tut. Kimlik, dua ile bir yerde tutulabilir. Tılsım, muska, değerli taş ya da şans sembolleri konulabilir. Cüzdanını kimseye elletme, herkese emanet etme. Cüzdanını şükür ile aç ve kapat, parayı buruşturup koyma, düzgün ve sevgiyle yerleştir. Elinde cüzdan varken, olumsuz düşünme. Cüzdanda ve cüzdanı içine koyacağın çantanda sahte marka kullanırsan, sahtelik enerjisi seni bloke eder. Ucuz olsun da sahte olmasın. Cüzdanını hep kısa bile olsa dua ile aç.

CÜZDANINA OKU:

7 Karınca Duası

100 Ya Kayyum

21 Besmele

7 Salavat

1000 EL-GANİYY

100 EL-GÂLİB

1000 EL-MECİD

Sana göre değersizlik hissi veren her şeyi, cüzdanından çıkar. Para bir değerdir, değerli olmayan şeylerle yan yana olmamalıdır. Unutma; boşa ve anlamsızca, hırsla ve aşırılıkla para harcamak günahtır, haramdır. Bağış yap. Paraya duyulan saygı, parayı artırır.

BOLLUK AKIŞI SIRLARI

- Hakkını al, talep eden, isteyen ol. ALMADIKÇA, kıtlıkta kalan olursun.
- Değersiz kişilerle zaman geçirme, sen ve para değerlisiniz...
- Hesap yap fakat bunu abartma, abartırsan kıtlığa geçiş olur.
- Her şeyin azını, değersizini, ucuzunu seçme.
- Sürekli pazarlık yapmak da kıtlıktır ve karşındakini değersizleştirmektir. Kendini de hep aza layık görmektir.

- Her şeyin hakkını ver, gücün varsa daha çok ver ki çokluk enerjin yayılsın.
- Her gün herkesle bolluk bereket hakkında sözlerle konuş.
- Ya biterse diye sürekli bir şeyleri saklama ve tutma, hayrını görmezsin.
- Aşırı sahiplenme, her şeyi geçici olarak kullanıyorsun. Sahibi belli…
- İş yerine defne, kaya tuzu, çörek otu, pirinç, kristal, akik, çiçek, altın rengi objeler koy.
- Paranın büyüklüğü değil, sana nasıl etki ettiği önemli. Azdan çok etmek berekettir. Kimi de çok para kazanır, hiç bereketi olmaz.
- Geldiği gibi gitmesin, para ile olan ilişkini geçmişini gözden geçir. Para da titreşen bir enerjidir.
- Almayı bil, alıcı enerjiyi seç. Almadıkça, alamayan olup kalırsın…
- Korkarak para harcama.
- Parası olanları kıskanma, bu onları güçlü ve seni güçsüz yapar.
- Para niyetlerinin önünde duran blokajları bul, ön yargı ile paraya yaklaşma.
- Para niyetin, sana paranın gelişi ile ilgili yön verir.
- Maneviyat en büyük zenginliktir, para sadece araç ve semboldür.
- Para adına içine sinmeyenleri yapma, mutlu hissettirmeyen işten gelen para bereket vermez.
- Kendine haksızlık yaparsan değersizleşirsin, para ise bir değerdir; onu çekmen için değerli de hissetmen gerekir.

- Para akışı yoğun olan mekanlara girip çık.
- Paradan sevgiyle söz et, şikayet etme.
- Kendine para ile ilgili kısıtlama ve engel koyma. Gerekmeyecek kadar biriktirme.
- Ver ki daha çok alasın, tutma. Tutmak korkmaktır, korktuğun şey senden kaçar.
- Parayı şükür enerjisinde kalarak harca. "BENDEN PARA ÇIKTI" şeklinde düşünme.

"ALLAH BEREKET VERSİN. HAYRINI GÖR."

Gün içinde kullandığımız kelimeler, kesin olarak bereketimiz hakkında yönümüzü belirliyor.

Bu ritüeli, 21 gün boyunca düzenli yapan Allah'ın da izni ile mutlaka yüksek sonuçlar alacaktır.

21 gün boyunca her aklına geldiğinde, her alışverişinde, her bir insan gördüğünde, para ile ilgili her bir olay yaşadığında önce içinden "ALLAH BEREKET VERSİN", sonra da "HAYRINI GÖR" diyeceksin.

Bunu söylerken iki yönlü söylemiş olacaksın; hem kendine hem de karşındakine.

Bu iki sözü ister içinden söyle ister sesli. Eğer sesli söylenirse daha çok etki ve enerji yayar, daha çok titreşim oluşur.

Bu iki sözü söylediğin anda ardından da "YA BEDÎ' YA KADİR" denecek.

Tekrar ettikçe frekansı çoğalacak. Tam 21 gün devam edilecek.

22. gün: Beyaz bir mendil içine demir para, pirinç, akik taşı, top karabiber konulup kaldırılacak ve 7 adet Karınca Duası okunacak. Bolluk dolu olsun…

BOLLUK GEÇİŞİ

"Yaşamımda bilerek, bilmeden ettiğim berekete dair tüm olumsuz tüm karma yeminlerimi bozuyorum. Gelişimime, niyet ve dileklerime, bereket ve bolluğa blokaj koyan her şeyi en saf enerjimle artık bırakıyorum. Geçmiş yaşandı ve bitti. Tüm eski sözlü anlaşmalar ve buralardan kaynaklı enerji geçişleri bitti. Bereketime dair düğümleri açtım, kilitleri açtım ve özgür kıldım. İrademe ne hükmediyorsa artık bırakıyorum, bolluğa açılmaya niyet ediyorum şimdi. Bereketime iyi gelmeyen hiçbir şey, artık bana gelemez. Olumsuz, geçmiş para blokajlı bağların tümünü kestim. Kendi para ve bolluk gücümü biliyor, en doğru şekilde merkezleniyor ve bolluğa doğru ilerliyorum."

YUKARIDAKİ olumlama cümleleri sana iyi gelecek.

21 sabah uyanır uyanmaz yüksek sesle oku suya doğru, suyu iç ve güne bu şekilde başla.

Bereketin için bunlara dikkat et:

Dükkanında ve ofisinde ritüel köşeleri oluştur.

Ofisinde enerji akışı olmuyorsa; tütsü yap, kristal koy, çok dua et.

Kasvet veren eşyaları çıkar ofisinden.

Güvenmediğin kişilerin ofiste özel eşyalarına dokunmasına izin verme.

Olumsuz bir mekandan çıktıysan, eterik kordon kes ve işine öyle git.

Olumsuz eski anılara dair mekanlarda bulunma, buralardan aldıklarını ofise getirme.

Ofisine, işine giderken yolda rehber hayvan görürsen: onun verdiği mesajları ve işaretleri takip et.

DEFNELİ BOLLUK ÇAĞIRMA RİTÜELİ

Dileğini, tam 7 defa mavi kalemle yeni ve temiz, beyaz bir kağıda yaz.

Hep olumlu ifadeler kullanılacak.

Dilekler olmuş gibi cümleler yazılacak.

Örnek:

Arabamı aldım.

Başardım.

İşe girdim.

Atandım.

Kazancım arttı.

Yazma işlemi bitince:

Her cümlenin üzerinden tek tek, parmağını sür ve geçir.

7 cümle için, yukarıdan aşağı ve tek tek yapılacak.

Bitince, 7 Besmele ve 100 EL-FETTAH çek.

Tamamlanınca, "Tüm zamanlara doğru yaşamımda parayı, bolluğu kabul ettim" denecek.

En son, kağıdın içine 7 adet defne yaprağı (şans ve olumlu enerji verdiği için) ve 7 adet de demir para (büyütme, oluşturma enerjisi için) konulup kapatılacak.

Bu çalışma, İŞ YERİNDE saklanacak.

Bol şans…

ALLAH, HİÇ UMULMAYAN YERDEN RIZIKLANDIRIR.

TALAK/3

PARAYI DAVET EDEN UYGULAMA

Hayal ettiğini her zaman alabilirsin. İnan ve işin içine tutku kat. Her içsel onay, bir akış başlatır ve her inanılmış er geç olur. Odaklandıkça konu ile arandaki bağ güçlü olur ve bu dua ve ritüellerle mümkün… Enerji dünyası, artık o konuyu gerçek yapmak için hızlıca harekete geçer. İşin içine iyi niyet, bağ kurma, sezgi ve dua da katınca etki artar. Niyete çıkan yolda ritüeller, yarattıkları enerji ve sembollerin gücü ile bizi sonsuz destekler. Dua ve tılsımlar bizi asla yalnız bırakmaz. İnsanların boş veya yanıltıcı yorumları yerine, hep manevi dünyayı tercih et. Gece ve gündüz, özellikle de uyku öncesi odağını hep parada tut, hep paraya bak, para düşün ve bilinçaltını para/bolluk/bereket görselleri yolu ile doldur. Bolluk oluşturması için gerekli komutu ver bilinçaltına. İptal etmeden yola devam et…

"Para sevgidir ve bana gelir. Para titreşen bir enerjidir, ben bolluğu seviyorum ve seçiyorum. Paraya yaşamımda geniş yer açıyorum, ben paraya layığım. İlahi planda bol para akışına geçiyorum. Onayı verdim. Zenginlik benim hayrıma, para benim hakkım. Para niyetlerim temiz ve net, alma enerjimi sonuna kadar açıyorum" diyerek tüm olumlamalarını net ortaya koy.

Sonra, beyaz bir kağıda yeşil kalem ile hayatında çekmek istediğin para miktarını cömertçe ve cesaretle yaz.

Bu kağıdı yak.

Ardından Fil ve Fetih Surelerini oku. 100 defa YA RÂFİ oku.

Külleri toprağa göm.

Bolluk için tüm kalp kapılarını açmalısın, akışa güvenmelisin. Gelene hep şükretmelisin az çok demeden. Paylaşmalısın da paranı daima. Bolluk az ile başlar ve artar, bolluk iyi ve etkili enerjiyi seçer. Her gelen para, yeni başka şeylere de vesile olacaktır, para parayı da çeker. Kendi bolluk enerjine önce kendin inan, dışarıdan onay bekleme. Borçlarını çok konuşma, borç alma ve verme. Borç kıtlıktır. Potansiyeline güven. Başkalarına gelen, bana da gelir şeklinde düşün. Kendini değerli gör, değersizlik hissi para akışını bozar. Bolluk ile senin frekansın eş değer olursa, onu yaşamına çekersin.

Ritüeli yaptıktan sonra, gece uyurken tomar tomar paralar imgele. Bu tomarları ışık topu yapıp kalbine göm.

MUCİZE PARA AKIŞIM

Aşağıdaki boş alanlara PARA hakkında, mucize gibi gördüğün ve yaşamına çekilmesini istediğin niyet, dilek ve beklentilerini açıkça ve olumlu kelimeler ile yaz. Gece saati yazma işlemini yap. Gece uyurken bu sayfa yatağının baş ucunda açık olarak kalsın ve buraya yazdıklarının üzerine 100 DEFA YA NUR, YA KAYYUM, YA MACİD, YA REZZAK esmalarını okumuş ol. Okuduktan sonra, bu PARA niyetlerin olunca nasıl hissedeceksin, neler yaşayacaksın, neler olacak, bunları detaylı imgele. Her biri için tek tek yap imgeleme ve hayal etmeyi... Burada yazarak yapmak sonucu daha net ortaya koymak için, üzerine okunan esmalar ise tüm titreşimi yükseltecek. Gece uyku öncesi çalışmayı yaptığın için bilinçaltına da komut gitmiş olacak. Kitabın bu ilgili sayfası gece boyunca açık kalarak enerji ve PARA akışının da devamını sağlayacak. Sonuçları takip et.

1.

2.

3.

4.

5.

7.

Duana, en çok da Duyana güven…

ANAHTAR RİTÜELİ

Bu uygulama İŞ YERİNE, ofisine, dükkanına bolluk ve kısmeti taşır.

Bu SAYFA üzerine, anahtarın üzerine kendi ofisinin anahtarını koy.

"Hayrıma olacak bolluk ve bereket enerjisine kodlanıyor ve uyumlanıyorum, en yüksek frekans ve etki için bu dualar ile bu konuyu tüm zamanlara doğru mühürledim" de ve ardından anahtarı sağ, sonra sol elinin üzerine koyup oku:

1060 YA GANİYY

1000 YA GÂLİB

21 BESMELE

1000 ER-REZZAK

7 KUREYŞ

21 YA HAYY, YA HUU, YA ALLAH

Gece, anahtar yastık altında uyu. Sabahtan itibaren kodlanmış anahtarınla hayatına iş yerinde devam et…

KÜP ŞEKER VE KRİSTAL MUCİZESİ

Cam bir kase içine 7 adet küp şeker ve 1 adet kuvars kristali koy.

Üzerine: *YILDIZ YÜKSELTEN ÖZEL OKUMA, 7 GÜN DEVAM ET:*

7 AYETE'L-KÜRSİ

21 BESMELE

351 ER-RÂFİ, 228 YA MECİD, 188 YA AZİZ, 551 YA MÜTEALİ

1020 YA AZİM, 662 YA MÜTEKEBBİR

1000 ER-RÂFİ, 1000 ER-REZZAK

7 KARINCA DUASI oku.

Bu çalışma iş yerinde tam merkezde duracak, iş alanında yıldız yükselten etki sağlayacaktır…

AJANDANA BOLLUĞU VE PARA AKIŞINI EKLE:

"Bolluk alanında, her duam duyuluyor ve cevaplanacak. Kalbime koyduğum bereket dolu hayallerim, tüm zamanlara doğru gerçek olmak için yola çıktı. İnandıklarım gerçek olur, benim tek dayanağım Allah. Ben almaya ve para mucizeleri yaşamaya açığım. Cesurum ve yapabilirim, para akışım artıyor. Derinden hissederek tüm para enerjilerini kendi adıma harekete geçiriyorum. Allah'a inanıyorum, tevekkül içindeyim bereket kapımda. İlahi olanla bağım güçlü, bu durum bereketimi de artırır. Niyetlerim saf ve temiz, bolluğa açıldım bile. Net ve saf olarak başladım bu yola. Kesin ve keskinim, inanıyorum ve yaşamı bollukla seviyorum. Her şey iyiliğim için, her şey tam da olması gerektiği gibi. Kendimle gurur duyuyorum, bugüne

kadar çok şeyler başardım ve yine yapabilirim her dileğimi para alanında. Ben kendi adıma bir bolluk uyanışının içindeyim. Güç tam içimde, ben bereketliyim. Nefes alabiliyorum, buradayım ve hayat benim için bolluk üretmeye hazır. Tüm enerjilerle bağ kurmak adına telkinlerle bolluk yoluna çıktım. En yüksek frekansla para iş birliğim sürüyor. Niyetle ve bereket inancı ile yola çıktım, eminim ve bolluk dolu hissediyorum. Sevgiyle alıyorum bereketimi. Hayal edebildiğim her parayı güçle ve hızla yaşamıma çekiyorum. Tüm dileklerim beni ben yapıyor, her dileğim bollukla gerçek oluyor."

Ajandalar, iş ve para alanımızda etkilidir. Bu nedenle bu uygulamanın ajanda ile yapılması iyi sonuç verir. Yukarıdaki cümleleri ajandanın en başına ve en sonuna, siyah kalem ile yaz. Sonra aşağıdaki bolluğu çekecek esmaları ajandana oku ve bu şekilde kullan.

37 kere Ya Evvel
1060 kere Ya Ganiyy
812 kere Ya Habir
20 kere Ya Hadi
108 kere Ya Hak
305 kere Ya Kadir
744 kere Ya Muktedir
351 kere Ya Rafi
526 kere Eş-Şekür
47 kere Ya Vâli
1100 kere Ya Zül Celali Vel İkram

ALLAH,
RIZKI
DİLEDİĞİ
ÖLÇÜDE
İNDİRİR.

ŞURA/27

OFİSTE ENERJİ ALANINI AÇMAK

İş yerinde para akışında azlık veya blokaj yaşayan, bu çalışmayı yapmalıdır.

7 dükkan süprüntüsü ile tütsü yapılır.

Ofiste tam merkeze şap yerleştirilir.

Aşağıdaki cümleler yüksek sesle söylenir:

"Allah'ım, eskiden ve aile geçmişimden gelip bana sirayet etmiş olan bereketimi bloke eden, tüm öfke, korku, zarar, hata, günah, hastalık, yarım kalmışlık, karma borcu, kul hakkı, imtihan, takıntı, günah ve hastalıkların etki ve enerjisi üzerimden kalksın. Bolluk kapımı kapatan eski ne varsa benden çıksın. Şimdi ve tüm zamanlara doğru bu eski ve artık hizmet etmeyen geçişlerin iptali için gereken tüm yeni enerjiyi yaşamımda kabul edip, para akışıma onay veriyorum. Ana rahminden itibaren bende kayıtlanmış olan tüm olumsuz ve bereketime engel olmuş akit, kontrat, rol, anlaşma, hatalı karma yemini, geçişler şimdi ve tüm zamanlara doğru benden çıktı. Düğüm, negatif geçiş, dirençleri bıraktım, berekete açılmaya niyet ettim. Yarım kalıp bende enerji blokajı sağlayan parasal eski konuları, beddua, nazar, büyü, lanet, göz, hatalı sözlerin tüm para blokajlı etkilerini sonsuza kadar iptal ettim. Şimdi ve tüm zamanlara doğru, tüm mekanlara doğru, tüm frekans ve boyutlarda, ezelimde ve ebediyen bolluk alanımda ben arındım. Bana bolluk gelir, benden sevgiyle bolluk ve bereket akıp çıkar. Bendeki her şey saf sevgiyle bolluk, para ve berekete dönüştü artık. Bu mekana para akışı en üst seviyede olsun. Ve öyle de oldu. Amin."

Ardından, BAKARA ve ALİ İMRAN ilk 15 ayet, YUNUS Suresi okunur.

1000 defa YA ALİM, YA REZZAK, YA GANİYY, YA MUKTEDİR okunur.

SEN, YAPTIKLARINDAN VE İSTEDİKLERİNDEN İBARETSİN.

Uzun zaman inanmış olduklarım, inan bana: en sonunda sen olacak, senin olacak.

Başarı, mutluluk ve para için mutlaka inanış, manevi yol planı, geçmişi bırakarak ilerleme, yüksek enerjide kalmak, dua, etki altında kalmamak şart.

Bazı insanların kısa sürede bolluk ve bereket içinde olması, bazı insanların bunu bazen geç elde etmesi, bazen hiç elde edememesinin elbette net spiritüel sebep ve açıklamaları var. Kendini layık görmediğin bir şeyi, yaşamına çekemezsin. Bugün hangi şartlar içindeysen öncelikle buna şükretmekle başla. Şu anki şartlarının sana birçok boyutta ve manevi gerçek dünyada mutlaka hizmet ettiğini idrak et. Hep yaşam dersi alıp ilerle. Şikayet edip blokaj yaratma. Eğer bir düşüş veya gerileme yaşadıysan da bunun sorumluluğunu al. Her seçimin bir sonuç yaratacağını bil. Şu an hayatta ve para alanında hangi noktadaysan; bunlar hep geçmişten bu ana kadarki istek-eylem-inanç-korku-tutkularının bir yansıması. Senden çıkan, bir yerde bir sonuç yaratır, bu sonucu sen yaşarsın. Kaderci olup başka koşul veya konuları suçlama, insanlar beni engelledi deme, ailem destek olmadı diye inanma, bana şans verilmedi diye düşünme... Ne olduysa benimle, benim özümle ilgili ve ben aslında her olmuş olan üzerinde etkiliyim, her şey de güzelliklerle değişebilir de... Sen şimdi ve tüm zamanlara doğru geleceğinin üzerinde çok ve tam etkili olacak kadar önemlisin. Başarı ve para üzerine, daha somut ve net adımlar atabilirsin, yeni seçimler yapabilirsin, daha etkili karar alıp dönüşebilirsin. Bir insanın en büyük gücü önce inançları sonra hayalleri.

Dış dünyadan destek arama. Önce iç dünyanda net ve tam ol, sonra dış dünya seni destekleyecek. İstediklerini, gerçek hayatta yaşayabilme enerji ve frekansına geçmen için tüm bölümleri ile bu kitap senin rehberin. Sana hizmet etmeyen ve değer katmayan kişi ve ilişkilere, bolluk ve bereket yolunda ihtiyacın olmadığını bil. Sevdiğin şeyleri yap, yaparken keyif al, bolluk gelince bunun da sevginin aslında ta kendisi olduğunu anla. Parayı veya bolluğu düşünürken, düşüncelerinin içine korku veya şüphe katma. Her şey gayet hızlı da ilerleyebilir.

Genel olarak zenginlik ve parayı, yavaş akan konular olarak düşünür çoğu kişi. Sen kendi tarzını ve çizgini oluştur, başkalarının doğrularına takılma. Sonucu olmayan veya senin sonucuna etki etmeyen işlerle ilgilenme, verim üzerine odaklan, iyi kararlar al. Kendi içindeki lideri uyandır.

Kendi iç gücün ve manevi destekle, istediğin kişiye dönüşebilirsin. İnsan doğuştan üstün özelliklere sahiptir, bunu zamanla unutur. Kendi iç uyanışını başlatan birey, eğer çalışır ve odaklanırsa içindeki lideri harekete geçirir. Dilediği para, bolluk, bereketi yaşar.

Eski, sana yarar vermeyen, para kazandırmayan alışkanlıklarını iraden ile bırakabilirsin. Böyle gelmiş, böyle gider diye düşünme. Kötü ve işe yaramayanı elbette yeni ve etkili olanla değiştirebilirsin. Önce bazı yeni ev etkili inanç kalıpları oluştur, sonra bu inanmış oldukların "yeni" seni ortaya koyacak. Hep ileri yol alan bir birey olmak zorundasın.

Zengin ve başarılı bireyler, geçmişle yaşamaz. Günü yakalar ve hep yeni plan ve istekleri olur. Değişim tam ve net, kökten olunca sonuç da buna uygun olarak büyük olacaktır. Senin yolun, içindeki tam ve derin tüm potansiyeli ortaya koymak olmalı. "Senin en iyisini" ortaya koy.

Gün içinde veya hedeflere doğru akarken, sık tekrarladığın şeyler çok önemlidir. Otomatik olarak ve çok da düşünmeden yaptığın her şeyi bul, eğer işe yaramıyorsa yaşamından çıkar. Bir lider veya bir milyoner boş ve işe yarar olmayan hiçbir şeye zaman harcamaz.

Bugüne kadar başardıklarının milyon katını yapabilirsin. Sen bugüne kadar başarmış olduklarından ibaret değilsin. Kendine hak ettiğin değeri ver, kimseye de takılma. Olmuş her şey bir nedene bağlı, spiritüel dünyada zaten tesadüf diye bir şey yok. Bugüne kadar ne olduysa, olmadıysa sebepleri var. Limitli düşünme, azı isteyen de olma. İç dünyanda büyük bir güç var ve bunu kullan.

Başarılı insanların yasaları bellidir, onlar ne yapıyor ve sen neleri aslında yapmıyorsun: yüzleş. Evren, enerji, işleyiş herkese eşit şans veriyor. O daha iyi okula gitti, onu ailesi daha çok sevdi, o daha güzel gibi bahanelere tutunma. Fırsatlar her yerde, inanan, vazgeçmeyen, isteyen, tutkulu olan bunları alır. Her şey başarılabilir, her şey öğrenilebilir, her şey her an olabilir.

Olumsuz düşünme, kendini hep iyi kodla. Hayatını mutlaka sen kontrol et, bunu sakın başkalarına bırakma. Değişmez sandıkların değişebilir, değişmez sanıp sakın çabayı bırakma. O yolla olmuyorsa, niyetin aynı kalsın ama yolu değiştir. Doğru olduğuna inandığın her şey senin gerçeğin olur. Kontrolü eline al ve inan. İnanmış olduklarının sonuç ve yansımaları, seni bulacak.

SANDIĞIN KİŞİ DEĞİLSİN, ÇOK DAHA FAZLASISIN!

BU KİTABI LAYIĞIYLA UYGULA, ARTIK BAŞKA BİRİ OLDUĞUNU GÖRECEKSİN…

Derin iç dünyan kesin ve net olarak senin bugünkü bereket dünyanı yönetiyor. Kendi kendine yersiz sınırlar çizme. Kimsenin seni "az" olana inandırıp, sahte bir kıtlık dünyası yaratmasına izin verme. "Eski olumsuz ve işe yaramaz inançlarım ben değil, benim değil. Daha iyi ve olumlu bir gerçeklik ve gelecek oluşturmak için, gereken her iç güç ve yetenek bende doğuştan var" şeklinde yol al.

Sınırlayıcı tüm düşünce kalıplarından uzak dur. Zihnini ve ruhunu tam olarak ve en etkili enerji ile hedefe doğru yöneltince, sonuca kapı açmış olacaksın. Güven içinde ve iyi enerji ile beklediklerimiz bize doğru çekilir… İstediğin olmadıysa: beklemedin, inanmadın, onaylamadın demektir. İnanış ve beklenti içinde olma şeklini mutlaka gözden geçir. Etrafta, evrende pozitif, iyi, bereketli, ışık saçan ne varsa bundan nasibini almaya niyet et sen de.

Sen, karanlıkta kalmayı hak etmiyorsun. İnsan, nefes alan bir mıknatıstır, iter ve çeker. Baskın olan düşüncen ve inancın ne ise sadece onu çekersin. Bu yasayı unutmadan, bolluk ve bereket adına yoğun olduğun düşüncelerini gözden geçir. Önce düşün ve tasarla, onayla ve kodla, içine gerekli duyguyu ekle. Senin olur. İçinde ne varsa, dışında da o var. Senden yansımamış bir şey sana zaten çekilmez.

Dış dünyayı ve kişileri suçlama, büyük güç sende. Nereye anlam ve duygu yüklüyorsan, orası gelişiyor… Zamanının büyük kısmını neyi düşünerek ve neye duygu yükleyerek geçiriyorsun?... Kendi gerçeklerinle yüzleş. Yakınan insanlardan ve seni cesaretlendirmeyenlerden uzak dur. Sen kendini kim sanıyorsan, sadece o olursun. Bilinçaltında hangi rakam varsa, onu kazanırsın. Hedef büyütmek de senin en doğal hakkın. Kimler ne paralar kazanıyor, sen de kendine içinde manevi yollar, hayırlar olan bir bereketli yeni yol elbette çizeceksin. Sen, senin ve hayatın üzerinde tam ve net, büyük ve etkili bir hakimiyete sahipsin.

Sende bir şey değişecekse, bunu senden başkası zaten yapamaz. Düşünmeyi bilen insanı başka bir dış güç durduramaz. Düşünceni kontrol edip yönlendirmekle, çok hızlı ilerlemen başlar.

KAZANACAĞINA İNANDIĞIN MİKTARI KAZANIRSIN. KAZANMADIYSAN, İNANMADIN DEMEKTİR.

BAŞARI: Sadece neyi istiyorsan ona odaklanmak, sonuca götürmeyen her şeyi elemek, nasıl elde edeceksen bu yolları tutkuyla denemek.

BAŞARISIZLIK: Sorunları tekrar tekrar düşünmek, yakınmak, çözümden uzaklaşmak, istemediğin şeylere odaklanmak.

Düşünce ve hislerini yenile, limitleri kaldır, her şey herkes için mümkün. Çok para kazanan insanlar pek çok açıdan senden üstün değil, sadece kendilerini senden iyi programlamış olan bireyler onlar. Bunu aynı şekilde sen de yapabilirsin. Daha fazlası senin hakkın.

Başarmış kişileri oku, anla, araştır. Onlarla aranda hem bağ hem de paralellik kur, hatta özdeşleştir. Kimin neyi nasıl başardığına bak. Gereksiz insanlardan nasihat alacağına, bu tarz çalışmalar içinde ol. Net olamamak, belirsizlik ve değerini bilmeme: sonuçsuzluktur…

Kendini ne kadar çok seviyorsan, ancak o kadar çok kazanırsın. Kendini severek öz saygını artırmış da olursun, bunun sonuçları olarak hayattan ve her şeyden daha çok alacak seviyeye gelirsin. Kendini sev ve frekansını yükselt, paranın da bolluğun da içindeki sevgiyi bul, keşfet. Sevmediğin bir şey zaten sana çekilmez. Öz saygısı olan, her şeyin iyisine de kendini layık görür. Kendini çok seven insanın başına kötü şeyler gelme olasılığı azalır, benzer enerjiler birbirini çeker çünkü. Üzüldükçe büzülürsün, büzüldükçe kötü ve az olanı çekmeye başlarsın…

Sen kimsenin onayına ihtiyaç duymadan başarırsın, kim de der diye düşünmek aciz ruhlar içindir ki sen onlardan biri değilsin, bu kitabın burasına kadar geldiğine göre. Bu kitaptaki bölümleri gece uyku öncesi okumak ve bu şekilde özümsemiş olmak "bilinçaltı kaydı yapmak" adına sende büyük etki yaratacak.

Kendini seven ve onaylayan ruh, başarısızlığı düşünmez ve korkmaz. Kendini seven ruh, dış dünyadan onay beklemez. İnsan sürekli tekrarladığı şeylerin esiri olur, hep veya gün içindeki tekrarladıkların anlamlı mı, sana bir şey katıyor mu, sana uygun mu, sen mi bunlar… Yoksa hepsi de değişmesi gereken şeyler mi…

Potansiyelinin ve içsel gücünün bir sınırı yokken sen niye kendine limitler koyuyorsun… İç senle daha hızlı iletişim kur. Duygusal etki ve enerjini sadece hedefe yönelt. Bilinç seviyesinde tekrar ettiklerini bilinçaltı bir süre sonra onaylar, kabule geçer ve kayıt açar. Gerçeğe dönüştürmek için de 24 saat boyunca uğraş verir. Seçilen kelime, düşünce ve salgılanan enerji çok önemlidir.

Düşünce bir amacı seçer, amaç eyleme gider, eylemler ardı ardına alışkanlık döngüsünü oluşturur, hepsi toplanıp kadersel sonu oluşturur. Gelecekte senin kim olacağın ve ne kadar kazanacağın şu anda senin iç hafızanda ve bilinçaltı kayıtlarında saklı.

Başarıya ve paraya doğru giden yolunda, her bir iyi gelişmede kendini ve başkalarını ödüllendir. Bu, pozitif bir kamçı olacaktır. Ayrıca, ihtiyacı olanlara destek de ol. Bu verici enerjin, seni daha da çok alacak potansiyele taşır.

Erteleme tuzağından kaçın. Erteleme, bilinçaltını hep erteleme programına alır ve sen de hep sonuçtan uzak kalmış olursun. Ertelemenin içinde bir gizli "olmayacak mı acaba" duygusu da gizlidir. Erteleme, an'da devam et.

Sahip olmak istediğin şeylere zaten sahipmişsin gibi yaşa ve öyle davran, bu enerjide kal.

Başına ne gelirse gelsin artık şaşırma. Ne olduysa sana, unutma ki: o önce senin içinde oldu.

GÖKTE RIZKINIZ VE SİZE VAAD EDİLEN ŞEYLER VARDIR.

ZARİYAT/22

GELECEKTEN BUGÜNE, YANSIMA YARAT.

Gelecekteki sen'e git, oradan bugüne geçiş yap. *BAŞARILI İNSAN* geleceğe yönelir, an'ı çok iyi değerlendirir; geçmişi, sadece yaşam dersi alıp bırakır. İleriye yönelik ve gelecekten bugüne gelerek düşünme stiline yoğunlaş. Geleceğe uzan, orada olmasını istediğin şeyi gör, hisset ve yaşa. Resmin içine gir, içine coşku kat. "Bugün ve tam da şu andan başlayarak, hedef koyduğum geleceği oluşturmaya başladım" diyerek konuya mühür at.

Uzun vadeli hedefler, uzun vadeli düşünme arzusu başarılı insanın önceliğidir. Gelecek hakkında kişi hep net olmalı. Hedef net olursa, karar verirken de hep doğru enerjide olursun. Bugünden geleceğe bakma yani, geleceğe git. Tüm sonucu detayları ile gör. Net ol. O andan bu ana geri gel, bu şekilde başla. Bu tekniği bilinçaltın da destekleyecektir.

Sık sık düşündüğün şeye dönüşeceksin.

Ne düşündüğüne ve neleri hep tekrar ettiğine bak…

Kazanman, tekrar kazanmanı sağlar. Yani yine benzer, benzeri çeker.

Bir kere kazanan, artık hep kazanmak ister.

Parayı kazanırken, mutlaka biriktir. Milyoner ruhların her zaman kenarda parası olur, parası olanın para akışı da daha kolay olur.

Bir milyoner, asla para kaybetmez. Belki arada daha az kazandığı olur ama para kaybetmez. Milyoner ruh, bilinçaltında zengin olmuş ruh, parayı kaybetmez. Kendini bu frekansa getir.

Herkesi kendi enerji seviyesinde bırak. Bu, bencillik ya da kötülük değildir, sana saçma yatırımlar öneren, sana boşa para harcatmaya çalışan, sürekli başarısız hikayeler anlatan kişiler faydasızdır ve kıtlık enerjisi oluşturur. Milyoner bir ruh, önce çevresini seçer. Sürekli etki altında kalan bir lider olamaz; bunu da hep hatırla, lider kendi etki eder.

Hedeflerini hep yaz. Yazmak oluşturmaktır. Bu nedenle, ritüellerimizde de hep yazarak ilerleriz. Sürekli güvende hissedemezsin, para kazanmanın bir kısmı da risk almaktır. Fırsat ara, fırsat yarat, hızlı karar al, iç sesine güven.

Zaman, hayatın en değerli hazinesidir. Zamanını iyi ve verimli kullanamayan bir lider veya bir milyoner olmaz. Yüksek ruh ve etkili beyin, her bir saniyesinin kıymetini bilir. Dünyada kısıtlı zamanın var, öleceğin ise kesin, her bir saniyeni kazanç, mutluluk, iyilik, verim, doğru plan ile doldur. Paraya varmayan son, senin için artık uygun değil. Olmayacak hayaller peşinde koşmak, hatalı karar aldıran yakınlar, gereksiz toplantılar, "hayır" diyemediğin hatalı iş girişimleri için artık senin zamanın yok.

Harcanmış zaman geri gelmez, her bir adımında ve zaman harcayışında bunu hatırla. İyi ve uzun vadeli plan yap. Aşırı hızlı gelişmelerin risk içereceğini unutma. Sezgilerine güven, ilk başta sevmediğin, içinin ısınmadığın kişilerle ne değerli projelerini ne de paranı paylaşma. Yanlış kişilerle doğru sona gidilmez, sakın unutma; hayırlı olmayan bir ortak sana bolluk vermez, değersiz insandan değerli olan para akışı gelmez. Sürekli kendini öven veya sürekli seni öven tiplerden de uzak dur!

En çok neyi yaparken keyif içindeysen, sana en çok o kazandırır. Sen her bir dakikası para edecek bir milyoner adayısın. Boşa harcanacak bir enerjiniz yok. Dünyaca ünlü liderler, zenginler, patronlar senin ilham kaynağın olmalı. Hep kaybetmiş ve kaybettireceği de belli olan gereksiz bir kişi ile iki saat çay içeceğine, bir liderin yükseliş öyküsünü içeren bir kitabı okuman ya da onun bir videosunu izlemen senin için daha iyi bir ön yatırımdır.

Şu an da kimsen, neysen, ne kadar paran varsa bir önemi yok. Para kazanmaya, hayırlı ve doğru, verimli ve devam edecek bir gelir için kalp kapını aç, kendine inan, geçmişe değil geleceğe bak, bir anda gelebilecek her türlü mucizeye de açık ol. Şu an bu dünyada yaşayan, geçmişi parasızlık ve sefalet dolu birçok insan var. Bu kişiler senin ilhamın artık…

Öz güvenli ol, kendi kararların olsun. Pasif olma. Güne erken başla; bu, hayattan daha çok almaktır. Miskin ve tembel bir lider veya milyoner olmaz. Erken kalkan daha çok yol alır. Kesin ve keskin bir ruh, bir yere geç kalmaz, geç kalanla iş birliği de yapmaz. Üretken ol, enerji enerjiyi çeker. Hep daha fazlası için açık ol, hep daha fazla akışın olduğu bir enerji sistemi içinde yer aldığını unutma. Kendine yatırım yap, gerçek bir lider her an ve her an yaptığı her bir şey ile mutlaka kendine yatırım yapar. Almadan verme, sana bir şey katmayan ruhları etrafında tutma, kimseye mecbur değilsin sen…

Alıcı enerjide ol. Sen hep aldıkça, alıcı oldukça akış bunu destekler. Sana önerilen, ikram edilen, teklif edilenlere "evet" de, almak bilinçaltında kayıt açacak ve alıcı enerjin büyüyecek. Eylem odaklı ol, sonuç odaklı ol, istekli ol. Enerjini kim düşürüyorsa, uzak dur ondan. Hayat kısa, hızını artır. Artık her işi daha da hızlı yapmayı ve bitirmeyi prensip edin. Hızlanmak, daha çok para kazanmaktır. Zamanını asla boşa harcama, çok çalışan biri olmayı seç. Büyük ruhlar, küçük işler peşinde koşmaz. Küçük konular üzerine boş ve faydasız sohbetlerin yapıldığı, verimsiz yerlerden uzak dur. Seni boş yere lafa tutan herkese "hayır" demeyi öğren. Sana değer katacak kişilerle ol ya da yalnız kal, yalnızlık da büyük bir güçtür. Korkma.

Hep arayışta olmak zorundasın, burası yeter ve kafi diyemezsin. Seni bugüne her ne taşıdıysa, o artık senin için yeterli değil. Daha fazlası için kapını aç. Liderlik ve milyonerlik, daha fazlası için var. Kendinin, senin en iyisini bulup ortaya koymak zorundasın. Hep keşfetmek, araştırmak, arzu içinde olmak zorundasın. Değerli olana ve sonuca odaklan. Senden bir şeyler azaltan kimseye ya da hiçbir konuya yer verme artık yaşamında. Sen alıcı enerjisin artık, zevkle ve sevgiyle büyümene yardımcı olacak her şeyi alıyorsun. Tam da şu andan itibaren hep kazanmaya odaklan. Bir kazanan nasıl düşünür ve yaşarsa, sen de öyle yap. Senin hayatını en yüksek noktaya taşıyabilecek detaylara odaklan, hak ettiğini daima kendine hatırlat. Artık senin hayatında her an ve her şey çok önemli, her şey sana değer ve para katmak için hazır. Bu şekilde yeni bir bakış açısı geliştir.

Dış görüntün de önemli, bu da enerji ile ilgili bir durum. Bir lider, bir milyoner (ya da adayı) berbat görünmez. Silik görünmez, kilo sorunu yaşamaz, sürekli hasta dolaşmaz, tuhaf giyinmez, abartılı yani kafa karıştırıcı kılıkla dolaşmaz, güven vermeyen sahte markalarla dolu olmaz... İnsanlar seni ilk gördüğünde hem sezgi ve tecrübe hem de bilinçaltları ile ilk birkaç dakika içinde senin notunu verecek. Dış görünüş önemsiz diye bir şey yok. Önemli. Bir lider, her anlamda insanlar üzerinde etki etmek zorunda. Bir milyoner ya da milyoner adayı, pahalı giyinmek zorunda değil ama önce kendine saygılı olmalı, sonra da etrafına güven vermeli. Senin rujun, kravatın, kalemin, defterin, çorabın, cüzdanın, montun da seni geleceğine taşır. Dünyadaki her ama her şey bir titreşim taşır, bir enerji yayar. Dış görünüşünün etki ve önemi sandığından büyük. Sana dair her şey, her detay artık çok önemli. Önce olmak istediğin yeni kişiymiş gibi yap, küçük/büyük hamlelerle o kişi olmaya doğru git, bunu gerçek varsaymaya başlayan bilinçaltı seni sınırsızca destekleyecek. Sonunda sen, o kişi olacaksın. Ve öyle de oldu.

Üretken, etkileyici, düzenli, taviz vermeyen bir lider olacaksın… Kullandığın tüm kelimelere artık çok özen göster. Her bir kelimenin kendisinin ve anlamının hayatın üzerinde etkisi çok. Daima olumlu kelimelerle ileriye git. Olumsuzun da hemen etki edeceğini unutma.

HİÇ BEKLEMEDİĞİN KAYNAKLARDAN, SANA AKACAK MUCİZELERE AÇIKSIN ARTIK!

Ektiğin her şeyi biçeceksin. Yapılan hiçbir şey boşa değil, hiçbir enerji kaybolmuyor. Güven, inan, ilerle. Allah her şeye Muktedir olandır. OL der ve OLUR, senin de dönüm noktan gelecek. Şikayet edenlerle çok zaman harcama, dedikodu yani kıskanma içerikli eylemler zaman ve para kaybıdır.

Sana kıtlık getirecek her şeyden uzak dur, paraya ve bolluğa odaklan. İyi his vermeyen konu ve kişiler artık senin için uygun değil. Tekrar tekrar aynı şeyleri konuşma, bir kez konuş. Bu, oldu bilmektir. Çok çalışan, çalışmayı seven, üretken bir birey ol. Değerini sen belirleyeceksin, kimseden onay ve anlama bekleme. İçin bilir her şeyi, merak etme… Kendi en iyi halini arıyorsun sen artık. Hayatta ve yaşamın içinde, aslında her zaman her şeyin olabileceğine dair bir olasılık var. Her attığın adımda sen de bunu hatırla. Net ol, netlik güç getirir. Net insanı kimse yıkamaz.

Net hedefler içinde ol. Ne iş yaparak para kazanacaksan, bunun içinde bazı manevi detaylar ve anlamlar da olmak zorunda. Neyi neden yaptığımız önemlidir. Mesela ben, kitap yazıyorum ve danışmanlık veriyorum. Bunlardan para kazanıyorum fakat manevi boyutta, "insanlara umut veriyorum, şifa olmaya özen gösteriyorum, rehber oluyorum, hayatlara manevi anlamlar katıyorum". Bir iş elbette para için yapılır, ama ne olursa olsun içindeki bazı detaylarda maneviyat, anlam, sevgi de olmalıdır.

Mesela bir kuaför aslında insanları güzelleştirmektedir, bir öğretmen insan yetiştirip topluma faydalı olmaktadır, doktor hayat kurtarırken, bir çöpçü yaşadığımız yeri temizler ve bize güzellik sağlar. Her işin içinde parayı kazanırken, manevi anlamlar da yükleyerek yol alırsak, Allah'ın rızasını almayı amaç edinirsek bereketimiz de artar. Para kazanmak, bolluğu artırmak, bereketli yaşamak bir gelişim yoludur. Bu yolu sadece sert veya materyalist bir yol olarak görmemek gerekir. Para konulu öğrenimler, insanın hayat yolunda gelişimi üzerinde çok etkilidir.

Denemekten vazgeçme, iyi bir girişimci ol. Hayal kırıklığı diye bir şey yok, hepsi deneyim ve aslında ilerlemene katkı detayları. İlerleme yolunda unutma ki bugüne kadar hiç yapmadığın şeyleri de yapman gerekecek. Esnek olman gerekecek, yeri gelince çok hızlı olman şart olacak, bazen sert olacaksın, bazen de çok istekli… İşe yarayan adımlar atman gerek. Hep ayrıntılı planlar yap, detaylı plan olursa hayal kırıklığı olmaz ve performans artar. Doğru insanlara yakın ol, gereksizlere kibarca "hayır" de.

Detaylarla sen ilgilen; işi sahiplenen, onun her detayını bilir. Rakiplerini bil ve tanı, onlardan önde olmak için yeni denemeler yapmak zorunda olduğunu hatırla. Hep aynı rutinde kalırsan, bir yerden sonra kazanç durur. Yenilikler bulman ve araştırmacı olman gerek. Bir lider veya milyoner "bu bana yeter" demez asla.

Hedef, artırmaktır daima. Yetinmek değildir. Yükseliş ve devamlılık da budur zaten. Netlik ve kazanca odaklanın. Aslında kimse senden iyi değil, eğer her şeyi doğru yaparsan ve ekler koyarsan: en iyi sen de olursun. Kimse daha akıllı da değil, stratejiler ve yollar var. En doğru adımlarla ve girişimlerle sen de en önde olursun. Kimse senden üstün değil özünde, onlar bazı şeyleri yaptı ve sonuç aldı. Aynı şekilde sen de harekete geçip benzer sonuçlar alabilirsin. Fazla mukayese güç kaybıdır, tüm güç ve etkiyi artık kendinde topla ve ilerle.

Neyin üzerinde çok durup, düşünüp konuşursan o artar. Arttıkça da o şey yaşamında fazla yer kaplar. Ben mesela, para-başarı-girişim konuşan kişileri çok sever ve takdir ederim. Bu tarz insanlarla zaman geçirmek hem keyif verir hem de iyi bir yatırımdır ruha. Fikir üret ve ileriyi tasarla. Beyin gücü her şeyden üstündür, sen de buna zaten doğuştan sahipsin. Herkesten farklı olma cesareti gösterip bu riski alan, zaferi elde eder. Sen en iyisi olduğuna bilinçaltında inanmış olursan, karşındakiler de seni bu şekilde algılar ve seni zirveye taşır. Rekabet ortamında seni üstün kılan nedir, neden insanlar seni istesin… Bunu bul ve hep altını çiz. Kararlı ol, mükemmeli iste, devam et.

Paraya değer vermek, para akışını artırır. Parayı sevmek, seçmek, artırma çabası içinde olmak, saygı ile para harcamak, tutumlu olmamak, faydasız harcamadan kaçınmak… Bunların hepsi paranızın büyümesi alanında etki eder, para ile aranızdaki ilişkinin mükemmel olması onu çoğaltır. İkna eden biri olun, o zaman iş alanınızda yaptığınız şeye önce sizin inanmış olmanız gerek. Para kazanırken bireyin, karşısındaki kişiye saygılı olması gerekir. Para akışı ve alışveriş anındaki "enerji", konunun devamlılığı açısından çok önemlidir. Kendini hep karşındaki insanın yerine koy.

- Kendini rakiplerinden farklı yere koy. Kimseyle fazla rekabet etme çünkü bu onları güçlendirir!
- Kendini yüksek performansı göstermeye ada. Uzun vadeli düşün. Stratejik planlamana güven.
- Potansiyelini maksimuma çıkarmak için kafa yor.
- Geçmişte ne olduysa oldu, bir çizgi çek gelecek için.
- Hedeflerini daima gözden geçir, sana inanmayanlara hedeflerini anlatma.
- Seni ilerleten kişilere yakın ol.
- En yüksek getiriyi verecek olan yolu seç, cesur ol.
- Önceliklerini belirle, istemediklerine zaman harcama.
- Zamanı çok iyi yönet, faydasız olanı ele.
- İş yaptığın insanlara kendilerini önemli hissettir, ama en önemlinin sen olduğunu unutma. Sen iyi olursan ancak onlara iyi gelebilirsin.
- Kaliteli iş zamanı oluştur.
- İş ve para önceliklerinden taviz verme.
- Geçmişte para adına kötü ne yaşandıysa dersi al, sonra da unut gitsin.
- Eski ilişkilerdeki affetmeme hali, geçmeyen öfke bile senin para durumunu yönetir. Bu eski kodlar, para blokajı bile yaratır. Bolluğun için, geçmişi sevgiyle bırak, onları da affetmiş ol.
- Para hakkında konuştuklarına çok dikkat et. Senin para hayatın, para hakkında konuştuklarına dönüşecek.
- Yüce ruh, yüksek karakter hiçbir olumsuzluğa takılı kalmaz. Yaşam dersini alıp geçer. Olumsuza takılmak bir liderin işi değildir.
- Çoktan o insanmışsın gibi davranmaya başla, bir milyoner nasılsa o şekilde… Neyi tekrar edersek, ona dönüşüyoruz.

- Hayırlı parayı amaçla, sadece olmuş olsun diye parayı değil. Kazancın hayırlısını niyet et.
- Korktuğun şeyi yap; bu, korkuyu yok eder.
- Yaptığın şeyin en iyisi nasıl olur, bunu bul. En iyi olan elbette, en büyük kazancı da hak eder.
- İlerlemeye hep hazır ol.
- Başarısız hiç olmadın, onlar seni başarıya taşıyan adımlardı. Eksiyi bilen ancak artıya gider. Tersini bildiğin şeyi çok daha iyi göğüslersin.
- Beklenmedik krizler sadece kamçıdır, pes edecek bahane sakın arama.
- Beynini ve ruhunu, başarısızlık diye bir şeyin olmadığına ikna et.
- Tedbirli ol, adaleti elden bırakma, iyilik yapmaya devam et. Bereket bunlarla gelir.
- Sorunlar ne kadar büyükse, sonuçlar da kazançlar da o kadar büyük olacaktır şeklinde kodla kendini.
- Büyük engeller, kişiyi büyük düşünmeye iter.
- Bir inanç satın al, bu inancı iç bilgisayarına yükle ve çalıştır. Sistemini bu şekilde oluştur. Dilediğin miktarı yükle, enerji sistemi çeşitli yollar açacaktır seni oraya götürecek.
- "Şu andan itibaren başıma gelen her şey adım adım, parça parça beni sonucuma taşımak için" şeklinde düşün…
- Derin ve net her inanç, gerçekleşir.
- Her ufak veya büyük gelişmede, minnettar ol.
- Senden önce yapılmış, başarılı ve para getirmiş çalışmalara göz at.

ER-REZZAK!

BOLLUK VE BEREKET SADECE ALLAH'TAN GELİR.

Kalbini kıranla, hakkını yemiş olanla meşgul olma, onların da tek sahibi Allah. Bolluk yaşamında sana yanlış yapmış olanlar da bir yaşam dersi için sana gelmişti. Onları Allah'a bırak. Kime ne olacak, O en iyi bilendir. Hakkını yiyenle, enerjini veya paranı çalanla, kötüyle uğraşacak vaktini bolluk frekansına uyumlanmak için harca.

Dünya senin bolluk adına oyun alanın, enerjiler hep değişiyor, ilerliyor zaman ve sen de ilerle, uzan ileriye. Kendin için en hayırlı olan yol ile para ve bolluk edinmeye inan. Sevgide kal, seni de her şeyi de sevmek kurtarır; bolluk ve bereket de sevgi enerjisinde kalabileni seçer. Allah günahlarını affetmeye hazır; geçmişte sen de para konulu hikayelerde kul hakkına girdiysen, önce arın. Hiçbir kapıda ısrar etme, dua kapısında ısrarcı ol yeter, bolluğu isterken.

Kapıları açan O'dur, gerekli insanları vesile ile Allah sana zaten yollar. Allah'tan başka gerçek Vekil yoktur. Her adımında bu hakikati kalbine koyup, öyle bereketini ara. Ruh, sonsuzdur ve devam eder, bu dünyada yaptıkların başka nesillere de sirayet edecek, hayır için yol al. Sen sadece bu boyuta gelmiş bir insan değil her şeyden önce bir ruhsun, bu boyutu bereketin için yaşa fakat para senin aracın, amacın değil aslında. Fani ve değersiz olanla ruh tatmin olmaz, parayı çekerken manevi dünyanı zedeleme yani... Allah her yerdedir, her duayı duyandır ve senin bolluk niyetin saf ve temizse O bunu biliyor. Dünyada ve hayatta ne olursa olsun, sen iyi kalarak bereketini amaçla, doğru yolu bırakma. En büyük mücadelen senden olacak, senin en iyi halini ortaya koymak.

Allah'ı bilen hisseden, asla umutsuz olmaz, bereketinin geleceğini bilir. Gelecekte seni neler bulacaksa bolluk adına, hepsi de bugünkü duan ve yapacağın hayırlarla orantılı. Seni kandıranlara üzülme, seni sonsuz ve sınırsızca Allah ve Melekler tüm zerrelerinle anlar, korur. Allah, senin kalbinde ve sen de ancak O'nu zikredip mutlu ve bereketli olursun. İmtihan mı geldi bereketine, demek ki Allah seni düşünüyor ve duaya çağırıyor...

İmtihan yolu ile seni yine çağıran Yüce Allah'a şükürler olsun, bereket de sadece O'ndan gelir… Her bereket derdinin tek muhatabı Allah ve dua, elinden geleni yap ve duaya teslim ol. Her olay sadece Allah'ı hatırlamak için, bereketin bloke olduysa sığınacağın büyük güç belli. Allah'a sığın ki en güçlü sen olasın, seni yaratan senin için hangi yol ile bereketini açacağını bilir. Allah'a dayanan kul, bereketsiz kalmaz. Allah bir kuluna bolluk kapısını açarsa, o kapıyı kimse kapatamaz.

PARA BİR ARAÇ.
AMAÇ: DOĞRU ENERJİ VE HAYIRLI BOLLUK.

- Alıcı enerjiye geç, almak için doğdun sen.
- Değersiz kişilerle değerli olan para konusunu konuşma.
- Her şeyin azına razı olup, bolluk kapılarını kapatmış olma.
- Sürekli pazarlık yapmak da kıtlık enerjini artırır.
- Her gün herkese bolluk dile.
- Ofisine/dükkanına sana bereketi çağrıştıran nesneler koy.
- Paranın büyüklüğü değil, bereketi önemli.
- Geldiği gibi gitmesin, paradan korkarsan ya gider ya erken biter.
- Almayı bil, aldıkça alacaksın.
- Korku ile para getirecek projelere başlama…
- Parası olanları kıskanma, kıtlığı çağırmış olursun.
- Para niyetlerinin önünde duran blokajları bul ve dönüştür.
- Ön yargı ile paraya yaklaşma.
- Para niyetin, saf ve samimi olmalı.
- Para için kimseye zarar verme.
- Maneviyat en büyük zenginliktir, parayı her şeyin önüne koyma.
- Para adına içine sinmeyenleri yapma.
- Mutlu hissettirmeyen girişimden gelen para bolluk veremez.
- Kendine haksızlık yaparsan değersizleşirsin, bereketin tıkanır.
- Paraya saygılı ol, onu boşa harcama.

- Para akışı iyi ve yoğun olan yerlerde bulun…
- Paradan sevgiyle söz et, ŞİKAYET ETME.
- Kendine para ile ilgili kısıtlama ve engel koyma, harcayabilecekken biriktirmek de kıtlıktır.
- Ver ki daha çok alasın, tutma. Vermek daha çok almaktır.
- Korkarak harcama, korktuğun şey senden kaçar.
- Parayı şükür enerjisinde kalarak harca, verirken parayı "benden bir şey çıktı gitti" şeklinde düşünme…
- Kıtlık dolu günlerin, gelecekteki bolluk dolu günlerine ulaşman için "güçlenme" sürecin.

BOLLUK DUAM

Allah'ım bende BEREKET ALANIMDA perde ve engel yaratan tüm konulardan uzaklaşmaya niyet ediyorum. Bereketimi sadece Senden isterim. Beni yaratan Sen, bana manevi yol ve bereket yolculuğumda gereken tüm gücü lütfet. Kalbimdeki inanç ve nur ile her şeye, hayırlı bereketi istiyorum. Ölene dek imanla kazanmam için bana kapıları açmamda yardım et. Haksızlık yapanlardan, yalan ve hakikati bilmeyen kalplerden beni kazanç yolumda uzak tut. İnancımı hep bereket yolumda perçinle. Yaşadığım her kazancı ve bolluk anımı, seninle ilişkilendirecek derinliği bana ver. İmanıma öncelikle yatırım yapmam için bana güç kat. Her şeyi yoktan var edebilen sen, doğru para, bolluk, bereket niyetleri içinde olmamı sağla. Senin kudretine her şey yeter, bereket amacımda yanımda ol. Hayırlısı için dua edebilen bir kul olmamı sağla. Her şey Sana bağlı ve Seninle ilgi, bana bunu unutmadan berekete niyet etmemi nasip et. Önümden engelleri kaldır, bolluğa geçir beni. Ufkumu ve bakışımı derinleştir, gelişen olumsuz olaylara da derin bakmamı sağla. Hep sana dönmem için bana yardım et, rotam hep iman olsun maddiyattan önce. Bana ne versen hayrıma biliyorum, benim için ne dilersen gerçekte en iyisidir, para hırsından beni ve ailemi uzak tut. Kıtlık da versen önce bilirim, iyiliğim içindir. Beni arındırıp terbiye edecek, temizleyip yüceltecek Senden gelecek her imtihana ben kapımı açtım. Bana bugüne kadar vermiş olduğun sayısız nimeti idrak ettim. Evrenin tek gücü SEN, bolluk ve bereket için gereken tüm gücü bana ver. Amin.

ALLAH, GÖKTEN YAĞMURU İNDİRİP ÇEŞİTLİ MEYVELER, ÜRÜNLER ÇIKARDI.

BAKARA/22

8 ZEYTİN VE 8 HURMA

Hurma ve zeytinleri ye.

Çekirdeklerini bolluğa niyet edip toprağa göm.

989 defa YA HAFIZ esmasını ve 21 defa "LA İLAHE İLLALLAHÜ MELİKÜL HAKKUL MÜBİN" duasını oku.

1 Karınca Duası oku.

100 defa YA ALLAH, YA ALİM, YA KEFİL, YA VEKİL esmalarını oku.

100 defa da "LA İLAHE İLLALLAH MUHAMMEDÜ'R-RESULULLAH" de.

7 Kevser Suresi oku.

BOLLUK YASALARI, BEREKET KODLARI:

- PARADA en dibi gördüysen, yükselme zamanın geldi:
- İçinde dev bir kaynak var; bolluk onu isteyene akar, iptal edenden kaçar.
- Kimseden bekleme, artık senin hayatında tek lider sensin.
- Hayal gücü senin rehberin, bolluk için hayal kur.
- Hak ettiğin, seni er geç bulur…
- Akıl sorma, akıl alma, para niyetlerini netleştir. Sen bir lider ruhsun ve artık bir milyoner adayısın.
- Fırsatlar kaynakta sınırsız ve her yerde artık bolluğu görmeye, almaya niyet et.

- Akıl değil, cesaret sonuca götürür. Her aklı olan gereken girişimi yapmaz, tüm para niyetlerin için bugün bir adım at.
- Her engelin içinde, senin yükselişin yatar…
- Tüm düşüncelerin bugünkü bereketini yaratıyor.
- Kolayı ve azı seçmek korkudur, sen doğuştan alıcı enerjisin.
- Arzu ve dua bir olup sana bolluğu sunacak, niyetlerini iptal etme.
- Dün yaptığın seçimi bugün de hâlâ yapma, para bolluk hep ilerleme alanıdır.
- Niyetin olan bolluğu kayıt olarak bilinçaltına gir.
- Hep olumlu konuş konu paradan açılınca, şükür frekansında kal.
- Kullandığın para konulu tüm söz ve kelimeler bolluk titreşimi yayıyor, etki yaratıyor. Doğru kelimeleri seç.
- Sıfır ve en dip senin güç kaynağın, gelecekteki bolluk anlaşmanın ilk seviyesi!
- Seni eleştirip başaramazsın diyenlere takılma; senin enerjin onlardan yukarıda, rızan yoksa onlar sana etki etmeyecek bolluğun adına.
- Dua, kapıyı çalmaktır; duanı et ki kapıyı çalmış ol. Bolluk kapısı da dua ile açılır.
- Her gece, hayalindeki rakamları imgele, düşünüp uyu.

DAHA DUR, İÇİNDEKİ TÜM POTANSİYELİNİN SONUÇLARI İLE KARŞILAŞMADIN!

Paradan korkan parayı çekemez. Para, titreşen bir enerjidir; onunla aynı enerjiye gelmen gerek. Paraya haksızlık yaparsan, seni bir süre için terk eder. Paradan bahsederken şükür içinde konuş. Sevgiyle harca parayı, doğru yerde kullan. Dış dünyaya verdiğin para ile ilgili enerji, gelecekteki bolluk durumunu oluşturuyor. Eline her para alışında, para konulu hayallerine odaklan. Para konusunda, kaynak sınırsız, sınırı koyan senin eski olumsuz tecrübelerin… Bolluk bilincine inan ve odaklan. Para verirken senden bir şey eksilmiyor gerçekte, ödeme yaparken verdiğini alacağını düşünüp parayı uzat. Elinden her para çıkarken mutlu ol, verebiliyorsun ne harika. Faturalarını "çok geldi bu ay" diyerek ödeme, şükür ile öde. Ödemeleri yakınarak yapma sakın, hep teşekkür et, sevgiyle para gönder. Çok pahalı deme hiçbir şey için, her şeye kendini layık gör. Paranı rahatça talep et, insanlar ve çevren senin parayı önemsediğini bilsin. Pazarlık yapmak karşındakine saygısızlık olmadan yapılmalı. Senden aldıklarını ödemeyen ya da zor/az ödeyen kişileri yaşamına çektiysen, kendini sorgula: Neden kıtlığa geçtin bunu bul... Verdiğin sana geri yansır. Paraya kirli bir şeymiş gibi bir enerji ile yaklaşma asla. Yokluğa odaklanma, yokluğun içindeki dersi bul. Para hayalini iptal etme. İnsanlara maddi olarak yardım et ve daima destek ol, fakat kimsenin kıtlığına derin kafa yorup bunun içine girme. Çok fazla odaklandığın her şey sende tezahür eder. Bereketle ilgili olumlu cümleler kur ve bu cümleler sana doğru kurulduğunda "aldım kabul ettim" de. Şükür, parayı sana daha çok çeker.

"BİRİM BİN OLSUN" VE ÖYLE DE OLDU.

Bu ritüel için demir bir para alıp üzerine 1001 ER-REZZAK okunur.

Para, yatak odasında 1 gece bekletilir.

Sabah "sahip olduğum paranın biri bin olsun ve öyle de oldu" denir.

Para niyet ve beklentilerini bir kağıda yaz, kağıdı bu demir para üzerine koyup bu sefer de üzerine KEVSER, KENZÜ'L-ARŞ, NECM, ŞURA oku.

Kağıdı ardından yakıp külleri toprağa göm.

Demir parayı yine "Sahip olduğum paranın biri bin olsun ve öyle de oldu" diyerek cüzdanına yerleştir.

Küçük bir kağıda, üste 1, alta 1000 yaz, rakam ile. 1 küçük, 1000 çok daha büyük olacak şekilde yazılsın. Bu yazıya doğru 1001 YA MUKTEDİR oku. Bu kağıdı odanda sakla.

21 gece boyunca uyku öncesi YA HAYY YA KAYYUM YA RAFİ diyerek, bu zikri tekrar ederek uyu.

Unutma: Bir ile bin arasında bilinçaltın açısından fark yok. Bilinçaltı biri de bini de çekerken, aynı eforu harcar. İnanılmış bir şeyi yaşama çekerken, bilinçaltı artık zorlanmaz. Harcadıkça da para çoğalır: korkmak yani tutmak, blokaj getirir. Her bir harcama anından "Para, bin bereketiyle bana geri gelir" diyerek ve güvenle harca. Hepimizin biri BİN OLSUN. VE ÖYLE DE OLDU.

7 DEĞİŞİM

Evinde veya ofisinde, bolluk ve berekete niyet et.

Adaçayı, 7 dükkan süprüntüsü, üzerlik ile önce bu mekanda tütsü yak.

7 adet AYETE'L-KÜRSİ oku ve sonra, gözüne batan tam 7 adet eşyanın yerini net olarak değiştir. Odada 4 bir köşede durup 21 defa BESMELE çek.

Ortama üzerine 888 EL-BEDİ, ER-REZZAK, EL-BÂTIN okunmuş bir AYTAŞI koy ve 7 adet KARINCA DUASI oku.

21 sabah boyunca, bu mekana girerken geçmişte para/bolluk adına yaşanmış 7 adet olumlu anıyı kendine tekrar hatırlatarak "şükür enerjisinde" kalarak gir.

PARA NİYETİM

"Bu gece ve tüm zamanlara doğru evrenden bana yağacak tüm bolluğu, parayı, bereketi, zenginliği kabul ediyorum. Helal yolla gelecek tüm paraya hayatımı açtım. Düşünce sistemimi ve bakış açımı bereketli olmak yönünde dönüştürdüm artık. Para bana her kaynaktan akabilir. Benim hayatımda bolluk açığa çıkıyor."

Yukarıdaki cümleleri kendi sesinle kaydet ve 21 gece uyku öncesi dinle.

22. gün:

1001 defa YA ZEL CELALİ VEL İKRAM de.

TÜM CANLILARIN RIZKI SADECE ALLAH'A AİTTİR.

HUD/6

4 MIKNATIS MUCİZESİ

4 farklı yeni mıknatıs satın al.

Ofis veya dükkanda yapılacak bu uygulama öncesi, 21 adet pirincin üzerine 21 adet KEVSER okumuş ol ve bu pirinçleri cam kase içinde, odada merkez bir noktaya koy.

4 mıknatısın da üzerine ayrı ayrı 1000 YA GANİYY, 1000 YA GALİB, 100 EN-NUR, 888 YA REZZAK oku.

Her bir mıknatısı odada birbirine uzak 4 farklı noktaya yerleştir.

Ardından, odada yüksek sesle 7 defa "Helal yolla şimdi ve tüm zamanlara doğru, bu kanalla para akışı ve bolluğa yaşamımı açtım" de.

8 ESMA İLE MUCİZE DÖNÜŞÜM

YA KAFİ
YA GANİYY
YA FETTAH
YA CEBBAR
YA REZZAK
YA MECİD
YA BEDİ
YA GÂLİB

Yukarıdaki esmaları bir avuç karanfil üzerine 1000 defa oku.

21 gece boyunca hava kararınca normal siyah çayı demlerken, içine bu karanfilleri de katıp çayı bu şekilde demle. Çayı iç.

ZÜMER/36

"Biliniz ki Allah'ın yardımı çok yakındır."

Şu anda para konulu nasıl bir sorunun olursa olsun, insanlar veya detaylar sadece vesile olur. Bu sorununu ancak Allah çözer, Allah'tan iste ve bırak. Elbette elinden geleni de yapmış olduktan sonra...

TİN Suresi ve FEREC duasını oku ve bolluğa niyet et.

7 salavat çek.

"Allah'ım üzerimde bolluk adına ne kadar blokaj varsa, kaldırmaya niyet ettim, sen elimden tut" şeklinde dua et ve bir tutam tuza bu duaları oku, tuzu ye:

Bakara Suresi 102. ayet

Ali İmran Suresi 19. ayet

Araf Suresi 118-121. ayetler

Yunus Suresi 79-82. ayetler

Taha Suresi 65-69. ayetler

Rahman Suresi 31-32. ayetler

Kalem Suresi 51-52. ayetler

Kafirun Suresi tamamı

"İnna fetahnâ leke fetham mübina

Ve fütihatis semâu fekânet ebvâba

Fe kâne külli firkın kettavdil azim" duasını bir suya oku ve iç...

İŞLERİ AÇILSIN İSTEYEN OKUR

7 SABAH erken saatte, 3020 kere "Yâ Basîr celle celâlühû" oku.

7 istiğfar oku, 21 salavat çek, 1000 defa da EL-BEDİ de.

Tevbe Suresi ve Ali İmran Suresi oku.

Blokajın ilk oluştuğu ana git.

Kul hakkına girdiysen bunu geri dönüp bul.

Tövbe et.

Salavat oku.

Arın.

Hırsını bırak.

Hak ve helal olanı dile.

Sana gelmesini istediğin şeyi önce sen insanlara sun.

İnan.

Yetin.

Gerçekten istiyor musun, yoksa içten içe "kendin mi enerjinle iptal ediyorsun" bunu keşfet.

Etki altında kalma.

Seni olumsuz kod'layanlara enerji kapını kapat.

Sevgi frekansında kal.

Alman gereken yaşam dersini bul.

Kendini sabote etme.

BOLLUK İÇİN SUYA OKU VE İÇ

801 kere "Ya Evvel, Ya Âhir celle celâlühû"

1 kere Fetih Suresi, 21 kere "Âyete'l-Kürsi" ve 3249 kere "Ya Mecîd celle celâlühû"

700 kere EL-BERR

201 EN-NÂFİ

7 kere "HÂ MİM AYN SİN KAF"

518 kere YA ALLAHÜ YA HAKİMU YA ADLÜ YA SETTARÜ YA KAYYUM

100 kere "LA İLAHE İLLALLAHÜL MELİKÜL HAKKUL MÜBİYN"

100 kere EL MELİKÜL KUDDÜS

HİCR SURESİ, 9. AYET

İSRA SURESİ, 105. AYET

BAKARA SURESİ, 255. AYET

ENAM SURESİ, 61. AYET

RAD SURESİ, 11. AYET

HİCR SURESİ, 17. AYET

SAFFAT SURESİ, 7. AYET

ŞURA SURESİ, 6. AYET

KAF SURESİ, 4. AYET

AYNALI OKUMA, PARA VE BOLLUK MUCİZESİ

"Allahümme ya rabbi ve cebraile ve mikaile ve israfile ve azraile ve ibrahime ve ismaile ve ishaka ve ya'kube ve münzile'l-berekati ve münzilet-Tevrati ve'z-Zeburi ve'l-İncili ve'l-Furkani ve la havle ve la kuvvete illa billahi'l aliyyi'l-aziym. La ilahe illallahü'l- Melikü'l-Hakku'l-Mübin. Muhammedün rasulullahi sadiku'l va'di'l-Emin ya rabbi ya rabbi ya hayyu ya kayyumu ya ze'l-celali ve'l-ikram. Es'elüke ya rabbe'l-Arşi'l-Aziym. En terzükaniy rızkan halalen tayyiben birahmetike ya erhamer rahimiyn.

Yemliyha, Mernuş, Debernuş, Misliyna, Mekseliyna, Şazenuş, Kefeştatayyuş, Kıtmir" Amin.

Dua bir ayna karşısına geçe rek, yüksek sesle okunur.

Berekete niyet edilir, beyaz ve küçük bir mum yakılır. Mum bitene kadar YA REZZAK zikri yapılır. "Bismillahirrahmanirrahiym. Rabbena atina min-ledünke rahmeten ve heyyi'lena min emrina raşeda. Rabbişrah li sadri ve yessirli emri." Duası da 7 defa cüzdana okunur.

BEREKETİ KESEN DURUMLAR

Haram yemek
Yalan konuşmak
Günahkar kişi ile ortak olmak
Kul hakkı
Kendi kul hakkına da girmen
Tamahkar olmak
Sevgisizlik
Faydasız işlerle ilgilenmek
Fazla uyku
Gereksiz tüketim
Kavga
İftira
Kırık eşyalarla yaşamak
Temiz olmamak
Verilen sözü tutmamak
Kötü ahlak

Blokaj yaşıyorsan:
Geçmişe bak…
Kimi kırdın bul…
Belki gerçekten istemiyorsun…
Seni olumsuz kod'layanları çok mu dinliyorsun…
Gereken yerde "hayır" de…
İnanmamış da olabilirsin…
Tıkanıklığın ilk oluştuğu zamanı bul…
Bu tıkanma senin sabrını ortaya koydu…
Tıkanıklık, gücü de ortaya koyar.
Sorumluluğu al.
Kimseyi suçlama, sen dönüşünce konunun önü açılır.

ALLAH'IN SİZİ RIZIKLANDIRDIĞI ŞEYLERDEN, MUHTAÇLARA DA VERİN.

YASİN/47

BOLLUK BEREKET KALEMİ

İşlerini yaparken, toplantılarda, imza atarken, not tutarken hangi kalemi kullanıyorsan aşağıdaki tüm okumaları bu kalem üzerine yap. Daima bunu kullan. Senden başkası kalemi ellemesin.

"Ya Kâfi,Ya Ganiyy,Ya Muğni,Ya Fettah,Ya Rezzak… **Ya kâfi ekfina, Ya muğni ağnina, Ya Fettah iftah lena babe rahmetike, Ya Rezzak urzukna bi lutfike ve Keremike ve bicahi sahibi'l-vesileti seyyidina Muhammedin aleyhi's-salatü ve's-selam."**

"Ya Kadiru ya Zahiru Ya Batınü Ya Latiyfü Ya Habiyru kavlühül hakku ve lehül mülkü yevme yünfehu fis suri, alimül ğaybi veş şehadeti ve hüvel hakiymül habir."

El-Vasi 137

El-Vali 47

El-Mukaddim 184

El-Alim 150

El-Mecid 57

El-Azim 1020

El-Cebbar 206

El-Vekil 66

"Allahümme Salli ala seyyidina ve Mevlana Muhammedin salaten tehebü lena minhu ekmelel imdadi ve fevkal muradi fiy darid dünya ve daril meadi ve ala alihi ve sahbihi ve sellim ve barik bi kaderi azameti zatike adede ma alimte ve zinete ma alimte ve mil e ma alimte"

"Bismil ilâhil hâlıkıl ekber. Ve hüve hırzün mâniun mimmâ ehâfü minhü ve ahzer. Lâ kudratin li mahlûkın min kudratil hâlık. Yülcimühü bi licâmi kudratih. İhmiy

hamisen ve kânellahü kaviyyün azizün. Hâ mim ayn sin kâf hımâyetünâ. Kêf hê Yâ ayn sâd kifâtünâ. Fese yekfikehümüllâhü ve hüves semiul alim. Ve lâ havle ve lâ kuvvete illâ billâhil aliyyil aziym."

"Allahümme innî es'elüke (innâ nes'elüke) binûri vechillâhil azîm. Ellezî melee erkâne arşillâhil azîm. Ve kaamet bihî avâlimullâhil azîm. En tüsalliye alâ mevlânâ muhammedin zilkadril azîm. Ve alâ âli nebiyyillâhil azîm. Bikaderi azameti zâtîllâhilazîm. Fî külli lemhatin ve nefesin adede mâ fî ilmillâhil azîm. Salâten dâimeten bidevâmillâhil azîm. Ta'zîmen lihakkıke yâ mevlânâ yâ Muhammedü yâ zel hulûkıl azîm. Ve sellim aleyhi ve alâ âlihi. Misle zâlik vemâ beynenâ ve beyneh. Kemâ cema'te beynerrûhı vennefs. Zahiren ve bâtınen yekazaten ve menâmâ. Vec'alhü yâ rabbi rûhan lizâtinâ min cemî'ıl vücûh. Fiddünyâ kablel'âhıre. Yâ azîm"

EVDE BEREKETİ KESEN DURUMLAR

Evde eski ve olumsuz zamanlara dair eşyaları hâlâ evde tutmak.

Tanımadığınız ve güvenilmez kişileri eve almak.

Evde dedikodu yapmak.

Evde olumsuz düşünmek.

Kavga edip evi arındırmadan bırakmak.

Evin enerji alanlarını temizlememek.

Olumsuz konuşan kişilerle evde iken telefonda dahi olsa konuşmak.

Evde faydasız işlere çok zaman ayırmak.

HEP HATIRLA...

Gelişmiş bir ruh en sonunda, mal mülk gibi geçici hevesleri bırakır.

Bir insan gerçekte hiçbir şeyin sahibi olamaz.

Geçici olarak bulunduğun dünya denen hayal âleminde geçici olarak bir şeyleri kullanırsın ancak...

Fakirlik imtihandır ama zenginlik daha büyük imtihandır.

Para hırsı olan insan, seni manevi yolunda geriye iter.

En aza sahip olan aslında en mutludur.

Her eşya senin özgürlüğünü kapatır.

Sadelik gelişmektir.

Sahip olduğun her şeyden başkalarına da ver.

HAYAL ETTİĞİN O SERVET, SANA SADECE DERİN BİR MANEVİYATLA GELİR.

Ahlak, edep, merhamet olmadan bolluk gelmez, gelse de imtihan olarak gelip yine gider. İnsan, dünyaya para kazanmaya gelmez. Yaşam boyu para, sadece bir semboldür. İnsan kulluk etmeye ve Allah'ı anlamaya geldiği bu boyutta, parayı amacı haline getirirse işte o zaman fakirleşmiş olur. Geçmişte ne kadar düşmüş olursan ol, önce tövbe et ve yeniden başla. Ayette de yazdığı gibi "Sakın sen ümidini kesenlerden olma". Hicr/55.

İnsanı bolluktan ve bereketten üç düşmanı uzak tutar: hırs, hasetlik, kıskanmak... Bu gibi duygular blokaj getirir. Eğer geçmişte insanlara para konulu olaylarda hata yapıp, kul hakkına girdiysen samimi bir kalp ile tövbe et, TEVBE SURESİ, BAKARA SURESİ, KADİR SURESİ, SAFFAT SURESİ oku. İnsan dünyadaki tüm konularda olduğu gibi, bolluk alanında da Allah'tan başka sığınacak başka bir güç bulamaz. O nedenle bir dert geldiğinde de yanlış kapıları çalmak yerine, içe dönmek ve Allah'a yönelmek gerekir. Vermek daha çok almaktır, verdiğin an rahatlaman da başlar. Eline geçen her parada hep vererek ilerle, sadakanın, zekatın, verebilmenin güçlü enerjisi seni dimdik tutacak.

İnşirah/8: "Ve yalnızca Rabb'ine yönel."

Bazı şeyler bin yılda olmuyor gibi görünür ama bir an'da olur! Allah, ol der ve olur. O nedenle ümidi kesmek, Allah'ın büyüklüğünü idrak edememektir. Sana hayrı sadece O gönderir. Asla düzelmez veya değişmez sandığın ne varsa, Allah isterse düzelir. Yani yaşam boyu kıtlık çektiysen bile, sınırsız kapıları olan Allah sana bir anda bir kapı açar.

İbrahim/7: "Eğer şükrederseniz, size daha çok veririm."

Belki de bolluk kapının açılmasına çok az kaldı, Allah'a güven. Kötü insanlardan gelecek para ve bereket konulu işlere tenezzül etme. Hayırlı para akışı da yine hayırlı insanlardan gelir.

Taha Suresi, son ayet: "Sınamak için, dünya hayatının süsünü bol verdiğimiz kimselere sakın göz dikme." Bu ayet, sana yine manevi yolu işaret ediyor...

Sabretmeyi bil, sıra dışı bir durum oluşunca hemen pes etme. Saldırıya ve kötülere hazırlıklı ol, dünyada onlardan çok var. Başarı ve bolluk için, her anında zikir ve dua ile meşgul ol. Bilerek ve isteyerek hatalı yola girme. Ne kazanırsan kazan, gösterişten uzak dur. Zira sen hiçbir şeyin sahibi değilsin. Geçici olarak kullanıyorsun... Allah, senin rızkını sen istemeden zaten hazırlamıştı. Allah, her şey gücü yetendir; rızkını artırırsa o artırır. Sana çeşitli yerlerden geliyor gibi görünen para, yine Allah'ın vesile ettiği yollar ile seni buldu. Bir şeyi kesin olarak kaybettiysen demek ki o senin nasibin değildir, yani üzülme. Yeni nasiplerin her ne ise, yine Allah bunları en iyi bilendir. Servetin büyüdükçe sen daha da çok tevazu içinde olmayı başar. Endişe seni değiştirmez ve bir şey katmaz. Allah'a güvenmen ise seni kendi zirvene taşır.

Duada ısrarcı olmaya devam et, bolluğu duan ile iste. Umutsuzluğuna sen, duan ile meydan oku ve her ne olumsuzluk yaşıyorsan Allah'ın EL-GALİB adı ile sen duanı kalkan yapıp bu durumu aş. Başarın ve bolluğun senin inancına bağlı, Allah'a bağlı. Allah nasip ederse, her şey olur.

Ali İmran/189: "Göklerin ve yerin hükümranlığı sadece Allah'ındır. Allah, her şeye kadirdir."

Yusuf/40: "Hüküm sadece Allah'ındır."

Allah; inancını düzeltip, duasını safça yapan kalbi duyar. Gereğini en ilahi zamanda verir. Allah dışında her şey az veya geçicidir. İnsan, bir amaç için yola çıktığında Allah'a dayanmalıdır. Kaybedilmiş şeyler nasip dışıdır, nasibin olansa seni mutlaka bulur. Adım atana yol açmasını da bilen Allah, samimi kalpleri bilir. Ne elden gidene ne de başına gelene üzülme. Allah'a sığın. Zengin olmuş kimseyi de gözünde büyütme, para ve servet bu dünya için büyüktür ama ahirette hiçbir şey demek değildir. İnsanları mutlu ederken kendi yaşamını ıskalarsan, bolluk ve bereketin için atacağın adımları da kaçırırsın. İnsanları değil, Allah'ı mutlu edecek yoldan git, zira insanlar zaten hep tatminsiz olur. Allah, sana büyük sonuçlar verecekse elbette önden sınayacaktır da. Kayda değer ruhlar, imtihan edilir. Hep kıtlık ve zorluk çektiysen, şükret. Zorlu yokuşları sana tırmandırtan Allah, sana isterse zirveleri de verir. Kısmetin olan ayağına gelecek, kaderinde olanı Allah belirledi, sana kimse engel olamaz. Nasip ve rızık, habersiz de gelir, aniden de gelir. Açılan tüm yaralarını Allah ile iyileştirmeye çalış, ancak o zaman tam, net ve bir bütün olursun. O zaman bolluğun da peşinden en güçlü halinle gidersin, daha çok şükret. Allah senden razı olursa, sana en ummadıklarını bile verebilir. Sana verilmeyen aslında senin ruhunun ihtiyacı olmayan. Tüm fazlalıklar aslında yük.

Şura/9: "TEK gerçek dost Allah'tır."

Enam/17: "Eğer seni Allah bir zarara uğratırsa, onu kendisinden başka giderecek yoktur."

Sana şu ana kadar verilmiş her şeyi, Allah verdi sadece. Her verilmişe, ne olursa olsun şükret. Seni her insan yanıltabilir ve sadece Allah gerçek tek dayanaktır.

Yunus/31: "Seni yerden ve gökten kim rızıklandırıyor?.."

Bolluk, bereket, para konulu yaşadığın dertler, eğer seni Allah'a yaklaştırdıysa elbette ki onlar dert değil aslında dermandır.

DERİN BOLLUK ETKİSİ SENİ BULSUN!

İnsan, ilk etapta büyük bir finansal dönüşüme tüm ruhu ve inancı ile hazır olmalı. Parayı hem isteyip hem de paradan korkmak konuyu iptal etmek olur. Bolluk bereketin enerji yasaları hakkında birçok manevi sırrı sana aktaran bu kitap, sana dönüşüm fırsatı da sunan bir para tılsımı aslında. Ne zaman finansal dara düşsen, bu kitaptan bir sayfa aç, oku ve uygula. Hayat ve enerji, sana daima daha çok bereket sunmak için aslında hazır. Para kapılarını sana açacak anahtarlar: inanç, dua, ritüeller, Esmaü'l-Hüsna, tılsımlar, bilinçaltı…

Hayattan hep daha çoğunu talep etme hakkın var. Bu arsızlık veya materyalist olup yanlışlık yapmak değil asla, yaşam bir yolculuk ve kıtlıkla geçmemeli. Derinden ve kökten değişim için, sen de önce büyük bir güç ile iş birliği içinde olduğunu unutma. Varlığı izleme, varlık içinde olmayı seç ve onayla. Hep biriktirip küçük hamleler yapma, çoğu elde etmiş insanların senden artısı yok. Onlara gelen, sana da gelir. Varlık ve bolluk içinde olmayı hak eden olmayı seç, bereket frekansına, para ile uyumlu olmayı seç. Enerjiler seni aslında hep desteklemeye açık. Eski deneyimlerinin içinde kaybolma. Onlar eski, bu kitapla sen yeni bir sen yarat, yeni bir yola çık. Bu kitaptaki tılsımlara dokunmak bile, sende derin bir enerji akışını başlatır.

Bu kitabı okuyup uyguladıkça, para enerjisine uyumlanmış da olursun. Yeter ki inan ve devam et. Gerçek olmasını dilediğin rakamlara odaklan, mucize sonları imgele. Yolladığın enerji, tezahür edip seni bulacak, hiç merak etme. Bu kitapla buluşmuş olman tesadüf değil, sen artık bereketi seçmiştin ve enerjin seni buraya kadar getirdi. Demek ki artık bir yerden başlayıp sen de almaya başlayan olacaksın. Tesadüf yok, ilahi seçimler ve ilahi anlaşmalar var.

Sen bir küçük ateşi şimdi yak, bolluk bereket dünyası seni duyacak ve büyük alevlerle seni karşılayacak. Olumlama: "Para alanımda, en iyisine layığım. Bir bolluk mucizesini şimdi ve tüm zamanlara doğru çağırıyorum, para dolu bir yaşamı seçiyorum ve mucize benimle." Sonsuz bir potansiyele sahip olan ruh, yine sonsuz ve sınırsız düşünüp, istemeli ve öyle de yaşamalı. Gerçek isteklerini tezahür ettirme gücün, Allah tarafından sana ta doğarken verildi. Arzu ve niyetlerine mutlaka bağlı ol, onlara tutku ile sarıl. Dileklerinle arana kimseyi de sokma. Niyetlerinle derinden bir bağın olsun, sarsılmaz ve güçlüce…

Bolluk bilinci: fırsatları sevmek ve seçmek, olumlu olmak, kalıp dışına çıkmak, alıcı ve açık olabilmek, tüm destekleri bulmak, bolluğa inanmak, üretmek, yaratıcı düşünmek… Kıtlık: korkmak, bir şeyi elde edince tedirgin olmak, şüphe içinde yaşamak, yetersizlik hissi, zorlanma duygusu, kalıpları aşamamak.

İsyan etme, şükret ve bir adımla başla, doğru tarafı seç. Bolluk için yapacağın çalışmalar yolunda, evren ve enerjiler sana hep işaret yollayacak. Bunları fark et. Olumlama: "Kendimi ve tüm enerjimi, bolluk ve kazanma frekansı ile aynı noktada birleştirip hizaladım. Zenginlik, varlık enerjisi ile titreşimsel olarak aynı yerdeyim. Almayı seçiyorum. Arzu ettiklerim oluyor, tüm bolluk niyetlerim net."

Parayı anarken ve düşünürken, daima olumlu konuş. "Para ve bolluk bana katlanarak akıyor. Kolay kazanıyorum, hayalimdeki rakamlara çok yakınım. Ben bir para mıknatısıyım, varlıklı olma hali benim hakkım, paraya hazırım. Evren ve fırsatlar sınırsız. Her olumlu işaret bana rehberlik ediyor."

Kendini kötü hissettirebilecek şeyleri satın alma, emin olup çok istediklerini al. Para harcarkenki duyguların ve enerjin daima çok önemlidir. Para konulu bir konuşmada, sana gelecek bir para hakkında "belki, bilmem ki, umarım, sanmam" gibi bloke edici ifadeleri seçme.

Bir mıknatısa bunları sesli oku, mıknatısı cüzdanına koy:

HER ZAMAN PARAM VAR.

ZENGİNLİK BANA YAKIŞIYOR.

PARAM HEP ARTAR.

PARAM VE VARLIĞIM HEP ARTIYOR.

GELİRİM HEP İYİ, SEVEREK HARCARIM.

KOLAYCA FİNANSAL HAYATIMI YÖNETİRİM.

KORKULARINI DEĞİL, HEP HAYALLERİNİ DÜŞÜN.
BORCUNU DEĞİL, MİLYONLARI DÜŞÜN...

RIZIK KAPISI

Rızık, helal olan her şeyi kapsar. Rızık sadece Allah tarafından verilir, faydalanılan her şeyi kapsar. Allah dilediğine bol, dilediğine dar rızık verir. Şura ve Hud Surelerinde bu konulara yer verilmiştir. Rızkı yaratan Allah'tır. Kulun her çabası, bir sebeple buluşur ve rızık oluşur. Rızkı kazanmak için kul bir tercih yapar, bir yoldan gider ama son kararı Allah verir. Tembellik, yanlış tutum, tevekkül etmemek rızkı kapar. Gerekli tüm girişimi yapan kul, gerisini Allah'a bırakmalı. Adım kuldan, rızkı yaratmak Allah'tandır. Haram olan bir şeyi "kazandım" sanmamalı kul, onu rızkın parçası değil "tam bir imtihan" olarak görmeli. Helal ve temiz olmayan, sadece imtihan olarak gelmiştir. Senin rızkın seni bulur, senin yerine onu başkası yemez. Senin rızkın kesilirse bil ki, bu da Allah'tan gelen bir imtihandır. Senin olan, kısmet ve rızık yine Allah'ın tayin ettiği bir yol ile seni bulacak.

NECM 53/59: "Alın terinden başka hayırlı kazanç yoktur."

Kul, huzur ve güven içinde çalışırsa, bereketi de artar. Bereket duaları en içten şekilde edilmeli. Elden her gelen yapıldıktan sonra, gerisi Allah'a kalır. Kazancın da hayırlısı lazımdır kişiye. Hayırlı değilse, gelse de gider veya bir anda çıkan harcamalar ile tükenir. Helal kazanç kadar huzur vereni yoktur; kul, kazancı için sadece Allah'a muhtaçtır. Kul her zaman haramdan korunmak, uzak yaşamak için de duasını eksik etmemeli. Gerçek bolluk, kişinin ihtiyacını temin ettikten sonra, daha fazlasını istemeyecek mertebeye gelmiş olmasıdır! Rızık, Allah'tan gelen tüm nimet ve faydalardır. Allah, insanı yaratan ve doğru yolu da gösterendir. Derin bir ruh, Allah'a güvendiği için gelecek endişesi taşımaz. Hem dini anlamak hem de açgözlü olmak mümkün değildir. Cimrilik de bir başka korkma tezahürü ve yine gelecek korkusudur. Allah, kuluna zaten gerekeni istediğinde vereceği için cimrilik de gereksizdir. Dünya boyutunda verilen her nimet, geçici olarak bulunulan bu boyuttan giderken elbette geride kalacaktır. Bir insanın, hayatındaki tek amaç o nedenle "para kazanmak" olamaz. Ahirette rızıklandırılmak kavramı bu nedenle çok önemlidir. Rızkın az veya bol verilmesinin ardında nice derin hikmetler vardır.

Evde ve ofiste RIZIK KAPILARINI SONUNA KADAR açacak özel ve gizemli uygulama:

Üzerlik ve adaçayı ile ortamda tütsü yap.

Kalem ve Yunus Surelerini okuyup, blokaj ve engellerin kalkması için niyet et.

Ardından bolluk bereket niyetini, yüksek sesle ortamda 7 kere belirt.

Ses, etki ve enerjiyi yayar…

1001 defa ER-REZZAK zikrini yapıp bu duayı 7 defa oku:

"Bismillahirrahmanirrahim"

Allahumme inni es'eluke bi rahmetik elleti vesi'et külle şey'in ve bi kuvvetikelleti kaharte biha külle şey'in, ve hazae leha küllü şey'in, ve zelleleha küllü şey'in, ve biceberutikelleti ğalebte biha külle şey'in, ve bi izzetikelleti la yekumu leha şey'ün ve bi'ezametikelleti melaet külle şey'in, ve bi sultanikellezi ela külle şey'in, ve bi vechikel baki ba'de fenai külli şey'in, ve bi esmaikelleti meleet erkane kulli şey'in, ve bi ilmikellezi ehate bi kulli şey'in, ve bi nuri vechikellezi eza'e lehu kullu şey'in ya nuru ya kuddusu ya evvelel evvelin ve ya ahirel ahirin Allahummeğfir li yezzunubelleti tehtikul isame Allahummeğfir li yez zunubelleti tunzilun nikame Allahummeğfir li yezzunubelleti tuğeyyerun ni'eme Allahummeğfir li yezzunubelleti tehbisud dua Allahummeğfir li yezzunubelleti tunzilul bela Allahummeğfir li kulle zenbin eznebtuhu ve kulle hati'etin ehte'tuha, Allahumme inni etekarrabu ileyke bi zikrike ve esteşfi'u bike ila nefsik ve es'eluke bi cudike en tudniyeni min kurbike ve en tuzi'eni şükreke ve en tulhimeni zikreke Allahumme inni es'eluke suale hazi'in mutezellilin haşi'in en tüsamihani ve terhameni ve tec'aleni bi kısmike raziyen kani'an ve fi cemi'il ehvali mutevazi'en Allahumme ve es'eluke suale menişteddet fâkatuhu ve enzele bike indeşşeda'idi hacetehu ve e'zume fima indeke rağbetuhu Allahumme azume sultanuke ve ela mekanuke ve hafiye mekruke ve zehere emruke ve ğelebe kahruke ve ceret kudretuke ve la yumkinul firaru min hükumetike Allahumme la ecidu lizunubi ğafiren ve la likaba'ihi satiren ve la lişey'in min ameliy el kabihi bilheseni mubeddilen ğayreke la ilahe illâ ente subhaneke ve bihamdike zalemtu nefsi ve tecerre'tu bicehli ve sekentu ila kadiymi zikrike li ve mennike aleyye.

Allahumme mevlay kem min kabihin setertehu ve kem min fadihin minel belai ekaltehu (emeltehu) ve kem min isar'in vekaytehu ve kem min mekruhin defe'tehu ve kem min sena'in cemilin lestu ehlen lehu neşertehu Allahumme azume bela'i ve efreta bi su'u hali ve kasuret bi e'mali ve ka'edet bi eğlali ve hebeseni an nef'i bu'du emeli ve hede'etnid dünya biğururiha ve nefsi bi hiyanetiha ve mitali ya seyyidi fe es'eluke bi izzetike en la yahcube anke dua'i su'u emeli ve fi'ali ve la tefzahni bihefiyyi mattele'te aleyhi min sırri ve la tu'acilni bil ukubeti ala ma amiltuhu fi helevati min su'i fi'li ve isa'eti ve devame tafriyti ve delaleti ve kesreti şehevati ve ğafleti ve kunillahumme bi'izzetike li fil ehvali küllihe Raufen ve aleyye fi cemi'il umuri atufen ilahi ve rabbi men li ğayruke es'eluhu keşfe zurri vennazare fi emri ilahi ve mevlay ecrayte aleyye hükmen ittebe'tu fihi hevai nefsi ve lem ehteris fihi min tezyini aduvvi feğarreni bima ehva ve es'adehu ala zalikel kazau fetecaveztu bima cera aleyye min zalike ba'ze hududike ve haleftu ba'ze evamirike felekel hamdu aleyye fi cemi'i zalike ve la hüccete li fiyma cera aleyye fihi kazauke ve elzemeni hukmuke ve belauke ve kad ateytüke ya ilahi ba'de taksiyri ve israfi ala nefsi mu'teziren nadimen münkesiran müstakillen müsteğfiren müniben mukirren müz'inen mu'terifen la ecidu meferren mimma kâne minni ve la mefzaen eteveccehu ileyhi fi emri ğayre kabulike uzri ve idhalike iyyaye fi se'etin min rahmetik.

Allahumme ilahi fakbel uzri verham şiddete zurri ve fukkeni min şeddi vesâki ya rabbirham za'fe bedeni ve rikkate cildi ve dikkate azmi ya men bede'e halki ve zikri ve terbiyeti ve birri ve teğziyeti hebni libtidai keramike ve salifi birreke bi ya ilahi ve seyyidi ve rabbi! Eturake mu'ezzibi bi narike be'de tevhidike ve be'de menteva aleyhi kalbi min ma'rifetike ve lehice bihi lisani min zikrike ve'tekadehu zamiri min hubbike ve be'de sıdki'tirafi ve duai hazi'en lirububiyyetike heyhate ente ekremu min en tuzeyy'e men rabbeytehu ev tub'ide (tuba'ede) men edneytehu ev tuşerride men aveytehu ev tusellime ilel belai men kefeytehu ve rahimtehu ve leyte şi'ri ya seyyidi ve ilahi ve mevlaye etusallitunnare ala vucuhin harret li azametika sacideh ve ale elsunin netakat bitevhidike sadikaten ve bişukrike madiheten ve ela kulubin i'terefet bi ilahiyyetike muhakkikan ve ela zema'ire havet minel ilmi bike hetta saret haşi'eten ve ela cevarihe se'et ila evtani te'ebbudike tai'eten ve eşaret bistiğfarike muz'ineten ma hakezaz zennu bike vela uhbirna bifezlike enke ya kerimu ya rabb ve ente te'lemu za'fi en kalilin min belaid dünya ve ukubatiha ve ma yecri fiha minel mekarihi ela ehliha ela enne zalike bela'un ve mekruh kalilun meksuhu yesirun bakauhu kasirun muddetuhu fekeyfehtimali libelail ahireti ve celili vuku'il mekarihi fiha ve hüve belaun tetulu muddetuhu ve yedumu mukamuhu ve la yuheffefu en ehlihi li ennehu la yekunü illa en ğazabike ventikamike ve sehatike ve haza ma la tekumu lehu's semavatu vel ardu ya seyyidi fekeyfe li ve ene abdukez zaifuz zelilul hakirul miskinul mustekinu ya ilahi ve rabbi ve seyyidi ve Mevlay lieyyel umuri ileyke eşku ve lima minha eziccu ve ebki li'elimil azabi ve şiddetihi em litulil belai ve muddetihi fele'in seyyerteni lil'ukubati me'e e'daike ve ceme'te beyni ve beyne ehli belaike ve ferrakte beyni ve beyne ehibbaike ve evliyaike fehebni ya ilahi ve seyyidi ve mevlay ve rabbi sabertu ela azabike fekeyfe esbiru ela firakike ve hebni (ya ilahi) sabertu ela harre narike fekeyfe esbiru e'nin nezeri ila kerametike em keyfe eskunu finnari ve Recai afvuke fe bi izzetike ya seyyidi ve mevlay uksimu sadikan le'in terekteni natikan li eziccenne ileyke beyne ehliha zecicel amilin ve le esruhenne ileyke surahel müstesrihin ve le ebkiyenne aleyke buka'el fakidin ve le unadiyenneke eyne kunte ya veliyyel mu'minin ya ğayete amalil a'rifin ya ğiyasel musteğisine ya hebibe kulubis sadikin ve ya ilahel alemin efeturake subhaneke ya ilahi ve bihemdike tesme'u fiha savte abdin muslim.

Sucine fiha bi muhalefetihi ve zaka ta'me ezabiha bi ma'siyetihi ve hubise beyne etbakiha bi curmihi ve ceriretihi ve hüve yeziccu ileyke zecice mu'emmilin li rahmetike ve yunadike bi lisani ehli tevhidike ve yetevesselu ileyke bi rububiyyetike ya mevlaye fekeyfe yebka fil azabi ve hüve yercu ma selefe min hilmik em keyfe tu'limuhun naru ve hüve ye'melu fazleke ve rahmeteke em keyfe yuhrikuhu lehibuha ve ente tesme'u savtehu ve tera mekanehu em keyfe yeştemilu aleyhi zefiruha ve ente te'lemu za'fehu em keyfe yetekelkelu beyne etbakiha ve ente te'lemu sidkahu em keyfe tezcuruhu zebaniyetuha ve hüve yunadiyke ya rabbehu em keyfe yercu fazleke fi ıtkihi minha fetetrukuhu fiha heyhate me'e zalikez zannu bike vel me'rufu min fazlike ve la muşbihun lima amelte bihil muvehhidine min birrike ve ihsanike febil yakini ekta'u levla ma hekemte bihi min te'zibi cahidike ve kazeyte bihi min ihladi mu'anidike lece'alten nare kulleha berden ve selamen ve makane li ehedin fiha mekarren ve la mukamen lakin neke tekaddeset esmauke eksamte en temlee minel kafirine minel cinneti ven nasi ecmeine ve en tuhellede fihal mu'annidine ve ente celle sena'uke kulte mubtedien ve tetevvelte bil en'ami mutekerremen efemen kane mu'minen kemen kane fasikan la yestevun. İlahi ve seyyedi fe es'eluke bil kudderilleti kadderteha ve bil kaziyyetilleti hatemteha ve hekemteha ve ğelebte men aleyhi ecreyteha en tehebe li fi hazihi'l leyleti ve fi hazihi's sa'eti kulle curmin ecremtuhu ve kulle zenbin eznebtuhu ve kulle kabihin esrertuhu ve kulle cehlin amiltuhu ketemtuhu ev e'lentuhu ehfeytuhu ev ezhertuhu ve kulle seyyietin emerte bi isbatiha'l kirame'l katibine ellezine vekkeltehum bi hifzi ma yekunu minni ve ca'eltehum şuhuden aleyye me'e cevarihi ve kunte enter rakibe aleyye min veraihim veş şahide li ma hefiye e'nhum ve birehmetike ehfeytehu ve bi fazlike setertehu ve en tuveffire hezzi min kulli heyrin enzeltehu ev ihsanin fezzeltehu ev birrin tenşuruhu ev rızkin besattehu ev zenbin teğfiruhu ev hete'in testuruhu ya Rabbi ya Rabbi ya Rabbi ya ilahi ve seyyidi ve mevlay ve malike rikki ya men bi yedihi nasiyeti ya alimen bi zurri ve meskeneti ya habiren bi fakri ve faketi ya Rabbi ya Rabbi ya Rabbi es'eluke bi hakkike ve kudsike ve e'zeme sifatike ve esma'ike en tec'ele evkati min (fi) el leyli ven nahari bi zikrike ma'mureten ve bi hidmetike mevsuleten ve e'mali indeke makbuleten hetta tekune e'mali ve evradi kulluha virden vahiden ve hali fi hidmetike sermedan ya seyyidi ya men aleyhi mu'evveli ya men ileyhi şekevtu ehvali ya Rabbi ya Rabbi ya Rabbi kavve ela hidmetike cevarihi veşdud alelazimeti cevanihi ve heb liyel cidde fi haşyetike ved devame fi't tisali bi hidmetike hetta esrahe ileyke fi meyadini's sabikin ve usri'e ileyke fi'l mubadirine ve eştake ila kurbike fi'l muştakin ve ednuve minke dunuvvel muhlisin ve ehafeke mehafetel mukinin ve ectemi'e fi civarike me'al mu'minin Allahumme ve men eradeni bisu'in feeridhu ve men kadeni fekidhu vec'elni min ehseni ebidike nasiben indeke ve akrebihim menzileten minke ve ehessehim zulfeten ledeyke feinnehu la yunalu zalike illa bi fezlike ve cud li bi cudike ve'tif aleyye bi mecdike vehfazni birahmetike vec'el lisani bi zikrike lehican ve kalbi bi hubbike muteyyeman ve munne aleyye bi husni icabetike ve ekilni esreti veğfir zelleti fe inneke kazeyte ela ibadike bi ibadetike ve emertehum bi dua'ike ve zeminte lehumu'l icabete fe ileyke ya Rabbi nesebtu vechi ve ileyke ya Rabbi mededtu yedi fe bi izzetike istecib li dua'i ve belliğni munaye velen takta'e min fazlike reca'i vekıni şerrel cinne vel insi min e'dai ya seri'er rıza iğfir limen la yemliku illed dua'e fe inneke fe'alun lima teşa'u ya menismuhu deva'un ve zikrihu şifa'un ve ta'etuhu ğinan irhem men re'su malihi'r reca'u ve silahuhu'l büka'u ya sabiğen ni'emi ya dafi'en nikam ya nure'l mustevhişine fiz zulemi ya a'limen la yu'ellem salle ela Muhammedin ve ali Muhammed vef'el bima ente ehluhu ve sallallahu ela resulihi ve'l e'immeti'l meyamin min alihi (ehlihi) ve selleme teslimen.

ALLAH, SENİN İÇİN GÖKTEN RIZIK İNDİRİR. GÖNÜLDEN ALLAH'A YÖNEL, BUNLAR ÜZERİNE DÜŞÜN.

MÜMİN/13

KISA SÜREDE YENİ İŞ VE KARİYER KAPILARINI AÇAN, BOLLUK VE HEDEF OKUMASI

"Allâhümme fâlikal- ısbâhı ve câ ılelleyli sekenen veş-şemse vel-kamera husbânen ıkdı anniddeyne ve ağninî minel-fakri ve emti'nî bi-sem'î ve besarî ve kuvvetî fî sebîlik."

"Allahumme ekfini bi-halalike an haramike ve eğnini bi fadlike ammen sivake."

"Allahümme Malikel'mülki tu'til'mülke men teşaü ve tenziul'mülke mimmen teşaü ve tüizzü men teşaü ve tüzillü men teşaü bi'yedikel'hayr, inneke ala külli şey'in kadir. Rahmaned'dünya vel'ahireti tu'tihe men teşeü ve temneuhe mimmen teşeü irhamnî rahmeten tuğninî bihe an rahmeti men sivek."

Yukarıdaki duaları okuyup ardından 21 defa bu cümleyi söyle:

"Allâhümmekfinî bihelâlike an harâmik, ve ağninî bifazlike ammen sivâk."

Son olarak: 1000 defa YA ZEL CELALİ VEL İKRAM oku…

Yeni bir demet lavanta alarak üzerine FİL ve KEVSER Surelerini okuyup ev veya ofisin merkezine bırak.

7 DEFNE MUCİZESİ

Estağfirullah min külli ma kerihallah.

Estağfirullahelazim ellezi la ilahe illa hüvel hayyel kayyume ve etubü ileyh.

BİSMİLLAHİRRAHMANİRRAHİM

VEL ARDA MEDEDNAHA VE ELKAYNA FİHA REVASİYE VE ENBETNA FİHA MİN KÜLLİ ŞEY'İN MEVZUN VE CEALNA LEKÜM FİHA MEAYİŞE VE MEN LESTÜM LEHU BİRAZİKİN,

HASBÜNALLAHÜ VE Nİ'MEL VEKİL, FENKALEBU BİNİ'METİN MİNALLAHİ VE FADLİN LEM YEMSESHÜM SUETTEBEU, RİDVANALLAHİ ZÜ FADLİN AZİM.

"Yâ Allahu, yâ Rabbi, yâ Hayyü, yâ Kayyûmü, Yâ Zel Celâli ve ikram. Es'elüke bismikel azîmil-a'zami, enterzukanî helâlen tayyiben. Allahümme in kâne rızkunâ fissemâi enzilhu, ve in kâne fil ardi ezhirhu ve in kane ba'iden karribhu, ve in kâne kâriben yessirhü, ve in kâne kalîlen kessirhü ve in kâne kesîren ihfazhü bilbereketi"

"Allahummer'zuknâ, rızkan helâlen tayyiben bilâ keddin, vestecib duâ enâ bilâ reddin, ve neûzü bike anilfazî hateyni el-fakri veddeyni, sübhanel müferrici an külli mahzûnin ve mağmûmin, sübhâne men ca'ale hazainehü bi kudretihi beynel kâfi ven-nûn, innemâ emrühü izâ erade şey'en en yekûle lehü kün fe yekün, fe sübhanellezî bî yedihi melekûtü külli şey'in ve ileyhi turce'ûn. Hüvel Evvelü minel evveli vel Ahiru ba'del âhiri vez-Zahirü vel Bâtinü ve hüve bi külli şey'in Alîm."

"Allahümme yâ Ganiyyü, yâ Hamîdü, yâ Mübdiü yâ Mu'idü yâ Rahîmü ya Vedûd. Eğisnî bi helâlike an harâmike ve bitâatike an ma'siyetike vebi fadlike ammen sivake."

"Allahumme rahmeteke ercû, felâ tekilniy ilâ nefsiy tarfete aynin, ve aslıhliy şa'niy küllehu, lâ ilâhe illâ ente."

"Allahümme ekfini bihelâlike an haramike ve ağninî bi fadlike ammen sivâke."

"Allahümme inni eûzü bike minelhemmi vel hazeni ve eûzü bike minel aczi vel keseli ve eûzü bike minel cübni velbuhli ve eûzü bike min ğalebetiddeyni ve kahrirricâli."

"Allahümme salli ala seyyidina muhammedinil fatihı lima uğlika vel hatimi lima sebeka nasiril hakkı vel hadi ila sıratıkel müstakimi ve ala alihi hakka kadrihi ve miktarihil aziym"

"İnne rabbiy yebsutur rızka limen yeşâu ve yakdiru leh ve ente hayrur râzıkiyn."

"La ilahe illallah, el-melikül hakkul mübin, Muhammedün Resulullah, sadikul vâdül emin."

"Allahü latiyfün bi ibadihi yerzüku men yeşa' ve hüvel kaviyyül aziz."

"Allahümme malikel mülki tü'til mülke men teşâü ve tüzillü men teşâü ve tenziul mülke mimmen teşaü ve tüızzu men teşâü ve tüzillü men teşâü bi yedikel hayr, inneke alâ külli şey'in kadîr. Tülicul leyle fin nehar ve tülicün nehare fil leyli, tühricul hayye minel meyyiti, ve tühricul meyyite minel hayyi ve terzuku men teşau bi gayri hisab."

"Ya Rahmaned- dünya vel ahireti, Tü'ti minhüma men teşaü ve temneu minhüma men teşaü, ferhamni rahmeten tuğnini, biha an rahmeti men sivak."

"Ya ilahel ali celle celalüh."

"Ya karibül mucibul mudani dune külle şeyin kurbeh"

"Ya mennanü zül ihsani kad amme küllel helaiki menneh."

"Yâ müfettihu fettih."

"Yâ müferricü ferric."

"Yâ müsebbibu sebbib."

"Yâ müyessiru yessiril fetha vel feracü minke."

"Yâ Fettâh, yâ Aliym, İyyâke na'büdü ve iyyâke nesteıyn."

7 ADET DEFNE AL ve önüne koy…

Uygulama gece yapılacak.

Her bir defnenin üzerine yukarıdaki duayı tek tek oku. Sonra defnelerin üzerine bolluk adına niyet ve dileklerini yaz. Her birine farklı bir beklentini yaz. Para miktarı, ev, araba, başarı vs… yazılabilir.

Sabah defneleri şu noktalara koy: yatak başucu, mutfak rafı, cüzdan, kapı girişi sol üst tarafa yapıştır, kalanları da tavada tütsüle ve toprağa göm.

Gömme işlemi bitince: YA ZEL CELALİ VEL İKRAM, YA REZZAK, YA ĞANİYY,

YA VEHHAB, YA MUKİT, YA MALİKÜL MÜLK, YA MACİD, YA MUĞNİ denecek.

BOLLUK VE PARA AKIŞI İÇİN ESMALAR:

Her gün düzenli, 100 defa sırası ile: Ya Mucib, Ya Melik, Ya Vehhab, Ya Rezzak, Ya Basıt, Ya Mukit, Ya Fettah, Ya Mecid, Ya Hasib, Ya Tevvab, Ya Malikül Mülk, Ya Ğaniyy, Ya Muğni, Ya Vasi, Ya Varis, Ya Rafi, Ya Ahir, Ya Mucib YA HAYY YA HAKK.

TEVAFUK

Kimse sana sebepsiz gelmiyor.

Para veren de sana para kaybettiren de bir sebeple yaşamına çekilir.

Her insan manevi bir derin ve alt sebeple, görevli olarak yaşam yolculuğunda seni bulur. Tesadüf gibi görünen yollar, derin anlam ve mana ile aslında kesişmiş olur. Sana bir para, bir rızık isabet edecekse, Allah istediği bir kulunu sana vesile eder. En kötü insan bile, seni bulduysa bunun altında yatan gizli manayı senin bulman gerekir. Zaten iyileşmen, anlaman, rızkının artışı bile buna bağlıdır. Seni amaçlarına köprü gibi taşıyacak insanlar Allah isterse bir anda yoluna çıkar. Allah için vermesi, yapması çok kolaydır. O nedenle, umutsuz olma, istediğin yerin yüceliği ve büyüklüğü hep aklında olsun. Her insan tekamülünde rol sahibi, seni bir sonraki seviyene taşımak için gelir. Hâlâ alamadığın yaşam derslerin varsa, o kişiler bu anlamda da senin yaşamında rol oynayacak. Bazı insanlar değişik birer enerjidir; seni bazen hızlandıracak bazen de yavaşlatıp öğretecekler. Bazı insanlar sana para kazandırmış gibi görünüp aslında senden eksiltir, bazen seni yoldan çıkarır. Bazı insanlar ise, sana zarar verip para kaybettirmiş gibi görünüp aslında sana paha biçilmez yaşam dersi, bilgelik, güç, derinlik katar.

İnsan bazen bu hayat yolunda en çok da para kazanmak için bu boyuta gelmiş gibi görür kendini. Oysaki insan, para kazanmak için yıllar boyu harcadığı bu zamanda "insanı, hayatı, maneviyatı, kendini, Allah'ı, yaşamı" anlayıp bambaşka şeyler öğrenecektir. Yani para ya da bolluk, yine araç olacaktır. Amaç olmayacaktır.

Ben kendi yaşamımda para kazanmayı iyi insanlardan destek alarak biraz başardım ama para alanında güçlü ve kendine güvenen olmayı **"bana kötülük yapmaya çalışan veya beni durdurmaya çalışanlardan"** öğrendim. Para konulu bir yola çıktığında işin içine "manevi anlamlar" da katarsan başarın artar. İçine doğanlar genelde doğru, içine sinmeyen durumlarda karar alma. Hislerinle yol al, bu hayalcilik değil asla.

Aklından geçirdiğin kişilerle değişik tesadüflerin artıyorsa "onlar doğru yol arkadaşları". Yoğunluğu ve akışı bol olan yerlerde iş görüşmelerini yap. Hız ve akışı olmayan mekanlar, kararsızlık verir. Bir hedef için yola çıktığında, mesajcı rüyalarını takip et. Sezgisel olmaktan çekinme. Altıncı his senin gizli güç ve servetin.

BOLLUK ARTIŞI VEREN RİTÜEL

Bir portakal al ve üzerine 7 adet karanfil batır. Her bir karanfilin üzerine, batırmadan önce 100'er defa YA AZİM okumuş ol. Bu portakalı çürümesi için evin balkonuna bırak "Evime, haneme, tüm zamanlara doğru bolluk akışını başlattım" de. Tamamen çürüyene kadar kalsın evde…

BEREKET ARTIŞI RİTÜELİ

BEN KOLAY KAZANIYORUM.

BEN PARAYI RAHATÇA ÇEKERİM.

TÜM PARA FIRSATLARINA AÇIĞIM.

PARAM ARTIYOR.

ZENGİNLİĞİ, SERVETİ YAŞAMIMA ÇEKİYORUM.

Bu olumlamaları 7 adet defne üzerine oku ve yaprakları suya koy. 7 gün beklet. Sonunda, bereket ve oluşturma enerjisi için suyu toprağa dök. Su akış, toprak ise oluşturmadır. Bu iki elementin bu ritüelde bir araya gelmesi, sana güç katacak.

Bugünün çok değerli, sen çok değerlisin. Hayat, sana verilmiş bir ödül. Her bir an, çok değerli. Bolluk, bereket, fayda içermeyen her şeyden uzak durmak artık senin elinde. Geçmişe takılma, gelecekten hiç korkma, faydaya ve sonuçlara odaklan.

LİMONLU HEDEF ÇALIŞMASI

Bir limonun üzerine net olarak para hedefini yaz, limonu beyaz bir kumaş içine sakla.

Bir gece bu şekilde beklet ve 1000 adet YA MECİD oku.

Bu limondan her gün 7 damlayı evine, ofisine damlat. Her damla olduğu yerde kendi kurusun, müdahale etme.

Limon tam olarak suyu bitince, kabukları balkonunda kurut.

İNSAN, KOCAMAN EVRENİ ZERRELER HALİNDE İÇİNDE TAŞIR. İNSAN, ÇOK DEĞERLİDİR, YAŞAMI DA. BUGÜN VE TÜM ZAMANLARA DOĞRU SEN; TÜM FIRSATLARA EŞİT MESAFEDESİN. GÜCÜNÜ BİL VE ALMAYA AÇ KENDİNİ.

BOLLUK KONUŞAN, bolluk çeker. Neye sahip olmayı dilersen, onu konuş. Şansı ve almayı düşün. Hayatında olmasını istemediklerini, artık düşünme bile.

TAŞLARIN SENİN BEREKETİNE ETKİSİ

Sitrin: Bolluk ve para akışı, para alanında olumlu düşünme.

Labradorit: Parada tutku, bereket alanında hızlanma.

Aytaşı: Para konusunda ihtiyaç duyulacak kişileri çekme gücü, ilham.

Güneştaşı: Parada şans, büyüme isteği, tutkulu çalışma etkisi.

Aquamarine: Korunma, olumlu his, parayı güvenle çekme, iyi para şansı.

PARA KESESİ

Yeni bir kese oluştur.

İçine 7 adet demir para koy ve “lavanta, biberiye, adaçayı, ardıç” ekle.

Parayı odanda yüksek bir yere koy.

Kese üzerine 7 adet KUREYŞ SURESİ oku.

PARA ELBETTE ÇALIŞARAK KAZANILIR. ZEKİ İNSAN, AYNI ZAMANDA ÇOK DA ÇALIŞIRSA ELBETTE DAHA DAHA ÇOK KAZANIR. FAKAT BİR İNSAN “ENERJİ, TİTREŞİM, FREKANS VE DUAYI” KEŞFEDİP, TÜM BENLİĞİNİ VE ENERJİSİNİ DİLEDİĞİ ZENGİNLİK

İLE BİR OLARAK HİZALARSA, O İNSAN SERVET VE PARANIN SAHİBİ OLUR.

TARÇIN ÇALIŞMASI

5 adet tarçını yakmaya başla…

15 dakika devam et…

Tarçın dumanına doğru ER-RAFİ, EN-NAFİ, EL-BEDİ, YA REZZAK esmalarını tekrar et. Bolluğa niyet et. 7 gece devam et.

ÇÖREKOTU ETKİSİ

Perşembe, gece yarısı sonrası 21 adet çörekotuna 21 adet Kevser Suresi oku.

Sonra, çörekotlarını küçük bir poşete sar ve cam bir kaseye koy. Kaseyi mutfakta 21 gün beklet. Her bir gün 100 adet YA FETTAH çek. 22. Gün, çörekotlarını yoğurt ile karıştırıp ye. Berekete niyet et.

KESE İLE BOLLUK

Bir kese içine çubuk tarçın, demir para, buğday, pirinç, çörek otu koy.

Yatak odanda iç tarafa doğru kapı kulpuna as keseyi.

Kapıyı her açıp kapadığında, YA ĞANİYY de içinden…

TOZ TARÇIN ÇALIŞMASI

Bir tutam tarçına 11 adet KARINCA DUASI oku.

Tarçının yarısını ye, yarısını evine/ofisine doğru üfle.

888 MUCİZESİ

Sonsuz ve sınırsız olmanın sembolik sayısı 8.

3 adet 8'i bir araya getiren bu uygulama Allah'ın izni ile sana bolluk sağlasın.

8 gece üst üste uyku öncesi tam 8 kere:

"BİLDİĞİM VE BİLMEDİĞİM TÜM KAYNAKLARDAN BANA AKACAK PARA, BEREKET, BOLLUK VE FIRSATLARI ALDIM, KABUL ETTİM, ONAYLADIM, MÜHÜRLEDİM" denecek.

Bu sözler söylendikten sonra, her gece 8 saniye boyunca tam olarak niyetine odaklan.

8 gece bitince, beyaz bir kağıda 8 kere, 1 tek cümle içinde net ve olumlu şekilde dileğini yaz. Bu kağıt üzerine 888 kere EL-BEDİ esmasını oku…

8 gece yazmaya devam et… Yani toplamda 8 kağıdın olacak.

Hepsi tamamlanınca bu kağıtları yak, külleri toprağa göm.

ALLAH KATINDAKİ MÜKAFAT, TİCARET VE EĞLENCEDEN HAYIRLIDIR. O, RIZIK VERENLERİN EN HAYIRLISIDIR.

CUMA/11

NEYE İNANIRSAN ONU YAŞARSIN.

SAKIN "AMA BENİM DURUMUM ÖYLE DEĞİL" DEME.

Paranın zor kazanılan bir şey olduğuna sakın kendini inandırma. Bilinçaltının onaylanma kuralı ile para konusunda, yaşamında her şeyi dönüştürebileceğini unutma. Bir insanın yaşamında, bolluk-bereket varsa; sağlık, aşk, ilişkiler, zaman, bilgi, neşe gibi tüm konularda da bunu zaten deneyimler. Para, sadece para değildir, onunla birlikte gelecek her şeyi de kapsar. Para zaten mutlu olacağımız diğer detayların da içinde bize akar. Para, bugün dünyada herkese eşit dağıtılsa bile inan ki, bazıları yine fakirleşecek çünkü "onlar bilinçaltında fakir", bazıları da yine zengin kalır. Para inançlarını dönüştürmedikçe, para akışında değişim ve sonuç olmaz. Para ile ilgili hep tutkulu, güç veren, net inançların olmalı.

Zengin olmakla, zengin kalmak da başkadır. Kimi insan parayı kazanır ama sonra çeşitli yollarla kaybeder. Bu tarz insanların bilinçaltında fakirlik, kıtlık, para korkusu gibi kayıtlar devam etmektedir. İmkanlar da paraya saygı duymak adına, hep doğru, güzel, mutlu eden ve fayda içeren şeyler için kullanılmalı. Para akışınız ne olursa olsun, hayat sizi manevi olarak da tatmin ediyorsa "bolluk" içindesiniz demektir.

Toplumdaki eski ve kök ama aslında yanlış kalmış olan inançların sizi bloke etmesine izin vermeyin. Hayatta ve enerji dünyasında "sonsuz ve sınırsız olasılıklar" var. Para sana, istersen her yoldan akar. Senin para kodun ve para inancın, para konulu düşüncen, maddeyi yani dış dünyayı etkiler.

Bir enerji oluşur. Giden enerji, sana geri döner. Sınırlayıcı tüm inanç ve kalıplardan bilinç ve bilinçaltında özgürleş ve parayı çekmeye başla. Her daim, istediğin olasılık üzerine odaklan. "Para bana her yerden gelebilir, her an olasılık dolu" şeklinde tüm kalbinle onaylıyor olman gerekir. "Yeni gelir ve akışa açığım, gelecek her hayırlı parayı kabul ediyorum" gibi cümleleri çok sık tekrar et. Onayla, kesinleştir, zaten öyleymiş gibi davran…

Bu üçünü ne kadar çok yaparsan, para kapıların da o kadar hızlı açılacak. Gün içinde kendi iç dünyanda yaptığın sessiz konuşmalarda, para için kötü bir şey düşünme ve söyleme. İçsel konuşmalar çok önemlidir. Eski ve sana zarar veren, hükmü bitmiş kodları artık tekrar etme. Olumlama yapmak, çok sık olumlamaları tekrar etmek: bilinçaltımıza olumlu sinyal verip, harekete geçirmektir. Kuralına uygun ve tutku ile yapılan para olumlamaları, birçok enerjiyi aktif hale getirir. Eski suçluluk duyguları, bilinçaltında para blokajı yaratır. Kişi, bolluğu çekmeden önce mutlaka geçmişten uzaklaşmış olmalıdır.

Başarı ve başarısızlık korkuları da para akışına etki eder. Kimi insan başarmaktan bile korkar, başarsa bile sonucu sürdüremeyeceğinden korkar.

PARA BAĞI ÇALIŞMASI

Sol eline kağıt para koy. Para elinde iken para ile ilgili kendi en güçlü olumlamalarını tekrar et. Sonra parayı sağ eline geçir. 10 defa YA REZZAK de ve parayı sağ elinle kalbine koy. Derin derin nefesler al ve ver. Paranın kalbinin üzerindeyken oluşturduğu renk ve ışıkları, gözlerini kapat ve hisset. İmgele…

Para kalbinin üzerindeyken sadece para konulu dileklerine odaklan.

"Para enerjisine uyumlandım, paraya bağlandım, bu çalışmam ile konuyu mühürledim" diyerek gözlerini aç. Bu kağıt paranın üzerine 1001 defa YA ĞANİYY oku ve parayı bağışla. Para ile aranda, doğru bir bağ kurmuş olduğunu içinde onayla, sevgiyle…

İNSAN, NEYİ SEVGİYLE VERİRSE: O, HAYATINDA ARTAR.

Para da hep sevgiyle verilmeli. "Sevgiyle verdim, katlanarak beni bulur" olumlamasını her para verme anında, her harcama ya da alışveriş anında tekrarla. "İstiyorum" bende yok demektir. Bu alanda olumlama yaparken, istiyorum deme, "seçiyorum" de. Sen, değerlisin. Bu evrende senden bir tane var, sen de her şeyle görünmeyen bağlarla bağlısın, bağlantıdasın. Sen değişirsen, evren ve enerji de sana farklı davranır. Benzer enerjiler birbirini çeker. Paraya programlı bir titreşim, parayı akıtacak olasılıktaki kişi-konu-durumları çeker. Enerji yasasını tam olarak anlayıp uygulayan, sonuç alır. Hayatında sürekli aynı son ve sonuçları yaşıyorsan; senin tutum ve enerjin kesin olarak değişmelidir. Geri dönüş yasası, sevgi ile verilen her şeyin bize aslında misli ile mutlaka döneceğini anlatır. Verdiğini, başka formlarda alacaksın. Karma kuralı sonucu, ektiğini biçeceksin. "Çok istedim olmadı" diyorsan; sadece isteme noktasında kaldın demektir. Kendini tam olarak neye layık görürsen, o sonuç seni bulur. Hayattan şikayet edersen, hayat şikayet ettiğin şeyi sana yine sunar. Sözlere, hele de tekrar edilen sözlere dikkat et! Serveti, zenginliği, almayı yaşamında onayla.

VERESİYE DEFTERİ...

Işık Lisesi'nde kolejde bursla okurken, okul dönüşü veya sabah erken oturduğumuz apartmanın sokağının girişindeki bakkaldan alışveriş yapmam gerekirdi. Hemen yanında manav da vardı, manavdan bir şey alamazdık çünkü sadece veresiye olarak bir şeyler alabiliyorduk. Bu da sadece bakkaldan olabiliyordu. Zengin ve görkemli bir yaşamdan buralara kadar düşüp ilk defa veresiye ile yaşamaya başladığımız için çok zorlanıyordum.

Üç üst sokakta bir şekilde bursla da olsa, okul ihtiyaçlarını bir akraban da karşılasa kolejde okuyorsun ama beslenmen sadece veresiye ile. Oturduğumuz ev de zaten bir akrabamıza aitti. Bakkala utana sıkıla giriyordum her seferinde, bakkalın sahibi o kadar iyi bir insandı ki bir gün bile bize borcumuzu hatırlatmadı, talepte bulunmadı, kafamıza kakmadı. Böyle olması da aslında beni daha çok utandırıyordu. Çok uzun bir zaman sadece bakkalda ne satılıyorsa onları yedik; bisküvi, peynir, ekmek gibi… İnsan, hayatta en dibe kadar düşünce çok da yaratıcı düşünebiliyor.

O dönemde oturduğumuz apartmanın giriş katındaki ablamız bana manevi konularla ilgili çok eski, her sayfası aşınmış ama ilginç bilgilerle dolu bir kitap hediye etmişti. Ben de o dönem hem ruhum o yöne çekildiği için hem de bir dayanak aradığım için, tüm boş vakitlerimi spiritüel konulara çevirmiştim. Kendimce o dönemde bulup uyguladığım, güçlü etkisine inandığım bir uygulamayı anlatmak için burada bu veresiye konusuna girdim. Bakkal Ağabey, defteri açıp her seferinde aldıklarımızı yazarken "negatifi pozitife çevirmek için" bir enerji çalışması yapıyordum.

O her bir birimi yazarken, su, ekmek, peynir mesela ben imgeleme ve ışık gönderme yolu ile yazılanları silip onların yerine "hayal ettiklerimi" o deftere yazmış sayıyordum kendimi. "Ev, elbise, para, çanta, bir restorana gitmek" gibi… Bakkala her gittiğimde çok acı çekiyordum başlarda ve hayatımın dipte olması suratıma çarpıyordu. Hayatımda bana en çok utanç ve acı veren işte bu anları, bu bulduğum küçük enerji oyunu ile dönüştürmek istiyordum. Başlarda sadece kendimi rahatlatmak için başladım, sonra bazı işaretler geldi ve sonra da kapılar açıldı.

Her gün her gün tekrar edildiği için bu uygulama, sonunda büyük sonuç verdi. Bir insan, yaşamında bir olumsuzluk yaşadığında, hemen o anda bu durumu iptal edip yerine bir olumluyu koyabilmeli. Acının içine girip hep acıyı yaşamak, acıyı büyütür. Anında konuyu yakalayabilmek ve yerine gerekeni koymak çok etkili oluyor. Acı seni yenemiyor, sen acıyı yok sayıyorsun. Yok sayılan enerji, zaten senden gidiyor. Bu kitapta o günlerden başlayıp para kazanmaya başladığım günlere kadar yaptıklarım, uyguladıklarım, sonuç aldıklarım ve sonrasında da herkese aktarıp hayatların dönüşmesine destek olduğum tüm çalışmaları toparladım. Bolluk bereket adına hakkında hayırlı olacak ne varsa seni bulsun. AMİN.

Başka kitaplarımda da hep anlattığım gibi, hayatım para üzerinden hem imtihanla geçti. Tekrar tekrar babamın iflasları, onun başarısızlıkları ile yaşanan hacizler, iş için yurtdışına gitmesi ve parasızlıktan dönememesi, yeni taşınılan bir evde çıkan yangınla her şeyimizi yine kaybetmemiz, sürekli taşınmalar, bazen atılmalar, evsizlikten aile bireylerinin farklı yerlere dağılması, aç yatılan geceler, soğukta kalıp ısınamama, ödenemeyen faturalar, otobüse bile binemeyip olmayacak yolları yürümeler, işsizlik, yalnızlık ve paran olmadığı için senden kaçan insanlar, daha birçok şey… Tüm bunların, uzun yıllar bitti gibi görünüp yaşamımda tekrar etmesi, bana "bolluk bilinci" adına çok derin şeyler öğretti. Bu bilgileri de en etkili haliyle sizlere aktarmak istedim. HİÇ'LİKTEN GELEN GÜÇ kitabımı okumamış olanlar, mutlaka onu da okuyup anlasın, idrak etsin derim.

Işık Lisesi'nde burslu okurken, ayakkabımın olmadığı bir dönem vardı. Birazcık ayakkabıya da benzeyen ev patiği ile okula gidiyordum, yağmur yağınca altı su alıyordu. Bir ara okul çantam da yoktu. Bir arkadaşım bir mağazadan kozmetik alışverişi yapmıştı, plaj çantası hediye vermişlerdi. Uzun süre o çantayı kullandım okulda. Buralardan gelmiş olmak son derece gurur verici çünkü ben bu ülkede kendimi yine bu tarz olayları, acıları yaşayanların danışmanı olarak konumlandırdım. Gerçek hayatlar yani… Bana uzun süre Özbekistanlı genç bir kız geldi danışan olarak. İlk geldiğinde üzerinde her yeri çok eskimiş bir tişört vardı, şimdi kendisi Dubai'de zenginlik içinde yaşıyor. İki farklı ticaret yapıyor, iyi kazanıyor. Evinden eşya satıp benden telefon seansı alan diğer bir danışanım da yine İç Anadolu'da güzellik merkezi kurdu. Tüm müşteriler kapısında kuyruk. Yani demek istediğim bunlar olabiliyor, yeter ki insan inansın, umut etsin, dua etsin, çabasını eksiltmesin. Hayat her gün yeniden başlar, her gün milyonlarca fırsat bizi bekler. Kendimizi açarsak, bu fırsatları paraya ve bolluğa çevirebiliriz.

Bir insan, bir şeye ulaşacaksa...

Onu "en umutsuz anında bile" büyük bir tutku ile isteyebilmelidir.

RIZIK

Allah'ın bizlere verdiği tüm nimetler. Fayda veren, nasip edilen, maddi ve manevi her şey.

PARA DEMİŞKEN, KADIN VE ERKEK ARASINDAKİ "PARA"...

Bir erkek sizden sürekli veya ara ara para istiyorsa, vermeyin. Evliliğin içindeki değerler, kutsallık, eş olmanın verdiği sorumluluklar elbette ki başka ama hele de ilişkinin başında para isteyen erkekten hayır gelmez. Bir kere istenen para, yeni istemeleri de doğurur. Bir kadın yanlış yerde ve zamanda, yanlış ilişkide bir erkeğe para vererek kendini tamamen değersizleştirir. Para vererek "aman onu kaybetmeyeyim" diye düşünen kadın ya terk edilir, bırakılır ya da ona âşık olunmaz, aldatılır.

Bugüne kadar ne çevremde ne de danışanlarım arasında bir erkeğe para kaptırıp da ilişkisi iyi gitmiş bir kadın görmedim. Para, erkeğin kendi gücünü, iktidarını, "erk" olma durumunu anlatan bir öge. Maskülen bir öge olarak da görüldüğü için, erkek para aldığı kadının önünde aslında bir nevi küçük düşmüş oluyor. Erkek, önünde küçük düştüğü kadını artık etrafında istememeye başlıyor, o kadına her baktığında gücünü değil artık "güçsüz" oluşunu hatırlıyor çünkü...

Kadın, bu şekilde para verdiği erkeğin önünde "dişi enerjisini" kaybettiği için, parayı alan erkek bir de artık "gözü dışarıya dönen erkeğe" dönüşüyor. Kadın için bir erkeğe para vererek, sevgi beklemek diye bir şey yok. "Erkek ceketini satar yine de kadından para almaz" günümüzde de centilmenler için geçerli bir kuraldır. Erkek doğuştan avcıdır, bir kadının peşinden koşmak ister. Nasıl bir kadın için erkeğin ilk başta peşinden koşmak, hemen duygularını açıklamak, çok hızlı birlikte olmak doğru değilse, "erkeğin avcı olma isteğini körelten" para verme durumu da ilişkiyi mahveder. Türk erkeği, hele de işin başında açık ve net olarak para istediği kadını sevmiyor demektir, sevemeyecektir de. Zaten hızlı bir para isteme eylemi "seni ciddiye almıyorum" demektir. Bir erkek bir kadına ne kadar çok "para ve zaman" harcıyorsa, ona o kadar çok değer veriyor demektir. Bir ilişki ve aşkın, para ile değeri biçilmez.

Ama bir erkek sevdiği kadın için, değer verdiği kişi için "para harcamayı" seçecektir. Para, aynı zamanda bir "şeref ve namustur", o nedenle, gurur sahibi bir erkek yanlış bir şekilde bir kadından para talep etmez. Türk erkeği, bu alanlarda son derece gururuna düşkündür.

Aksini düşünüp, hiçbir kadın bu anlamda kendini kandırmamalı. Evlilikte veya çok derin, köklü ilişkilerde erkek elbette kadından maddi destek alabilir. Yeni başlamış, tam oturmamış ilişkilerde ise durum farklıdır. Erkeklerin çoğu maddi gücü kendinden üstün olan kadından da zaten çekinir. Para, kim ne derse desin erkek için hayatta da ilişkisinde de aslında kendini ifade ediş biçimlerinden biridir. Para; bir değerdir, nimettir, iyi bir araçtır, bazen kurtarıcıdır.

Paraya değer veren ve yaşamında bolluk-bereket amaçlayan kadın ve erkek, parayı ilişkinin içinde asla yanlış yönetmemeli. Para konulu olarak, bir erkeğe ya da bir insana sürekli fedakarlık yapman, bir zaman sonra karşı taraf için sıradan bir şeye dönüşür. Zaten hep parayı veren sen olacakmışsın gibi davranır.

Sonra senden gitmesin diye belki de daha çok verirsin, verdikçe değersizleşirsin. Artık her şey görevin gibi olmuştur, bu durumda karşı taraf seni artık önemsemeyecektir. Karşılık almadan vermek ya da ilk alan olmamak, sana bir ilişkide bir şey katmaz. Sen aslında bilinçaltında kendini "değersiz" buluyorsun, o nedenle karşındaki seni sevsin diye para veriyorsun. Sık verilen, kolayca verilen, hep verilen hiçbir şey değerli kalmaz. Para ise hep değerlidir. Para, sen paraya değer verdikçe sana daha çok akacak. Elbette para yolculuğunda sen öğrenirken, yoluna bazı insanlar çıkıp sana "senin para ile ilişkin adına" aynalık edecekler. Maddi olarak sorumluluk almayan erkek er ya da geç bir kadın için bitecektir. Erkeklerin yaşamında en unutulmaz kadınlar en çok "zaman ve para" harcadıklarıdır. Bir kadın, ilişkisinde "alıcı" enerjiye geçmedikçe, zaten ilişkisi de iyi gitmez.

Erkek, gerçekte kadının (abartmadan) talepkar olmasından hoşlanır, verdikçe erkek kendini iyi hisseder. Bu anlamda da paranın ilişkilerde çok önemli yeri vardır, ilişkiye para yön verir. Para ile ilgili ilişkide çok fazla sorumluluk alan kadın, ilişkide erkeğin rolünü çalmış olacaktır. Bununla birlikte hem kendine hem erkeğe zarar vermiş olacaktır. Kendi bereketini de bloke edecektir…

Aşk zaten "almaya bakmak" değil vermektir, erkek âşık olacağı kadına vermeyi seçer. Hayatlarımızda para konusunda imtihanlardan geçerken, bu imtihanların bazıları kadın-erkek ilişkileri üzerinden olacaktır. O nedenle, para konulu bu kitapta bu bölümde bu konuya da değindim.

BÜYÜK BİR KIRILMA NOKTASI YAŞAMAK İSTİYORSAN:

VER...

Vermek, daha çok almaktır. Verdikçe "ben verebiliyorum, demek ki bende var" demiş olursun, kendine, bilinçaltına, dünyaya, enerjilere... Bir insan için vermiş olmak büyümektir, azalmışlık değildir. Sende ne varsa, onun içinden az da olsa vereceksin. Biri bu dünyada senin sayende bir şey almış olacak, bu hem sana hem ona bir şeyler katacak. Sen verebilen olmuş olacaksın, hem manevi olarak yükseleceksin hem de verebilen olduğun için, yine verebileceğin başkaları senin yoluna çıkacak. Devam edebilmen için de hem kendin hem onlar için rızkın elbette artacak.

PARANIN SENİ YÖNETMESİNE İZİN VERİRSEN:

PARAN OLMAZ...

Paranın bir araç olduğunu unutan, onu kaybeder. Hayattaki tek amacın para ise, para senden kaçar. Para, hayırlı, faydalı, mutlu amaçlar için gelmeli ve kullanılmalı. Paranın kölesi olan ruh, değerlerini kaybeder. Bu kaybetmişliğin içinde, sonunda parasını zaten kaybeder. Paranın gidişi de gelişi de imtihandır sadece.

KİMLERLE İŞ YAPIP, KİMLERLE PARA KAZANMALISIN

Sorumluluk sahibi insanları seç.

Her zaman yenilik peşinde olan insan sana iyi gelir.

Gelecek planı olmayan, para akışı sağlamaz. Buna göre para ilişkisine gir insanlarla.

Her daim iş odaklı olan insan, para konusunda da daha güvenilir olur.

Cesur insanları yeğle.

Risk hiç alamayan ruh, bir yerden sonra sana bir şey katmaz.

Duygularını ifade edemeyen kişi, bir yerden sonra iş/para alanında da tıkanır, buna dikkat et.

Tutarlı ve güvenilir kişilerle iş birliği içinde ol.

Güven veren kişilerle ol.

Avcı olup, insanları gözünde çok büyütüp "sana zorluk çıkaranların peşinde koşma".

Sana en başta çok büyük hayallerle/projelerle gelenlere kapılma.

Doğal yolla geleni sev ve seç.

Kimseye para/iş için yalvarma, cebinde hiç paran olmasa da sen değerlisin.

Yalnız da başarırsın, illa biri olsun diye yanlış kişilere yer verme planlarında.

Bir iş partnerine sürekli ne yapması gerektiğini sen söylemek durumunda kalıyorsan: o kişi yanlış kişi.

Aklı başında asistan/partner/ortak bazı şeyleri, sen söylemeden bilir/bitirir/sunar.

VARLIKLI KİŞİ, İMKANINA GÖRE BOL VERSİN.

TALAK/7

PARAYI BULMAKLA PARAYI KAZANMAK BAŞKA ŞEYLERDİR...

Parayı bulmak: aslında kaybetmek üzere gerçekleşmiş bir eylemdir. Kendini aslında, para kazanmaya layık görmeyen birinin kendi için kullanacağı bir tabirdir. Ben çok fazla üst üste iflaslar yaşamış, en sonunda da kendine olan tüm güvenini kaybetmiş bir babanın kızıyım. Pırıltılı başlayan iş yaşamı çok büyük düşüş ve felaketlerle bitti. Tüm bu sonuçları da bize yaşattı babam. Babam kendi para alanında tamamen sona geldiğinde hep "para bulmak" kelimelerini kullanırdı. Artık kendinden umudu kesmişti, parayı kazanmak onu aşan bir durum olmuştu.

O nedenle "kazanmak" değil ancak onu bulmak ona yakışıyor gibi konuşuyordu. Kendini gerçekte artık paraya layık görmeyen biri ancak bu şekilde konuşur. Kullandığımız sözler, bilinçaltı ve geçmişimizle ilgili kullandığımız sözler yine para ile olan ilişkimizi de yönetiyor. Gün boyu para için kullandığın sözler ve aklından geçenler, dönüp dolaşıp yine seni bulacak.

BULDUĞUN şey, başkasınınmış da sen bulmuşsun gibidir. Bulma, parayı kazan. Kazandığın senindir. Parayı bulmaya ya da kısa, yanlış, değersiz yollardan onu elde etmeye çalışanlar, parayı geçici olarak bulsalar bile ellerinde tutamazlar. Sana ait olmayan bir enerji sende kalmaz. Para bir değerdir, ne kadar doğru ve ahlaklı yollar ile kazanılırsa o denli kalıcı olup yaşamlarımızda büyür. Kazanmak, içinde emek barındırır. Emek, çok güzel bir enerjidir.

KAZANACAĞIN PARA MİKTARI, ANCAK HAYAL EDEBİLECEĞİN KADARDIR!

Helalin olan para, sen dilediğin kadar büyüyebilir. Kendini ve para hayallerini sınırlama. İnsan, yaşam yolunda hayal ettiği, içine inanç kattığı, arzu ettiği, onayladığı ve iptal etmediği her şeye kavuşur. Neyi istediğine dikkat et, nasıl inandığını kontrol et. Paraya ulaşmak için önce bilinçaltı kanalını maksimumda kullanmayı öğrenmelisin. Bilinçaltındaki para kodlarını dönüştürürsen, kaderin sandıkların da dönüşecek. Bilinçaltı bir yazılımdır, değişime de açıktır. Bir para sorunu yaşıyorsan, bunu ancak bir ödül ve ders olarak algılıyorsan o konuyu aşarsın. Direnip konunun içinde kalırsan, para sorunun büyür ve artar. Hayatında bir sonraki aşamaya geçmen için, gelene şükretmen gerekir.

Bugün para alanında bolluk içinde olanların hikayeleri hep aynıdır: Öyle şeyler başlarına gelmiştir ki ARTIK BAŞARMAKTAN BAŞKA ÇARELERİ KALMAMIŞTIR. O nedenle, başına geleni dert olarak değil bir değer olarak gör.

İnsan doğar ve bu boyuta gelir. İlk 7 yaşta, bilinç tam gelişmemiştir. Bu süreçte, bize dayatılan, zorlanan, söylenen, kodlanan her şeyi "bilinçaltı" artık onaylayıp doğru olarak kabul etmiş olur. Bunun bir sonucu olarak, geçmişin, ailenin, eski korku ve kayıtların gölgesinde bir bilinçaltı yazılımı bizlerde ta o zamanlardan oluşmuş olur. Bu eski yazılım, bir anda tüm yaşamımızı ele geçirmiş olur. O kayıtlarda ne varsa, onların uzantı ve sonuçlarını yaşamaya devam ederiz. Davranışlarımız da buralardan işte kök bulur. Büyüdükçe, evet, bilinç rolünü eline alır, ama o eski kayıtlar bizi bırakmaz. Bilinçaltını değiştirmek sadece istemekle mümkün olamaz. Teta-delta frekanslarında uygulama, dinleme, vizyon alma, imgeleme, olumlama, yeni programlar yükleme çalışmalarına devam etmek gerekir. Sürekli tekrarlar yapmak, 21 gün yapılan uygulamalara devam etmek çok önemlidir. Tekrar edilen her şey bilinçaltı için anlam taşır. O nedenle olumlamayı tekraren dinlemek veya esma okurken bir sayı ile okumak çok derin faydalar sağlar.

Kaderin müdahale edilebilecek kadarını keşfetmek bilinçaltı gücü ve yeni inanç programları ile mümkün. İnanmış olduğun şeyi yaşamında göreceksin. Asla kazanamam sandığın paraları, bilinçaltı gücü, yeni inanç programları ve dua ile kazanabilirsin. Her sözcük ve duygu, senin yaşamında bir frekans belirler. Frekansını düşürmemek için olumsuz tüm söz ve kodları terk et. Bilinçaltı, olumsuzu olumludan ayırmaz, alır kullanır. O nedenle, her sözüne dikkat et. Bilinçaltın ile onun anladığı dilden konuş ve uzlaş.

Dünyadaki tüm para bugün tüm insanlara eşit dağıtılsın, yine fakirler fakir kalır. Daha doğrusu bilinçaltında fakir olanlar, eski kayıtlarının kölesi olurlar. Bilinçaltında bolluğu zaten hak ettiğine inanan ise yine parayı tutacaktır. Şu an bu boyutta gerçekten sonsuz olasılıklar var, sen ise bugün gün boyu düşünmüş olduklarının bir sonucusun. Kendini fark et.

SENİN RIZKININ, SENİN HAYAL EDEBİLME GÜCÜNLE DERİN BİR İLİŞKİSİ VAR...

Bir şey çok denemene rağmen olmadıysa, o şey senin değildir. O şey senin değilse, bu yine iyi bir haberdir. Demek ki senin olan başka bir şey var ve o sana gelecek. Peki, senin olmayan bu şey için o zaman neden o kadar çok çaba ve zaman harcadın?.. Tüm o yolda öğrendin, güçlendin, anladın, fark ettin, dönüştün. O yol senin için gerekli olmasa, yaşanmazdı. Şükret, devam et, iyi kal.

Duanı et ama harekete de geçmeyi ihmal etme. Unutma ki bilinçaltı yoğun hayal edebileni seviyor ve yeğliyor, hayal etme gücünü etkili kullanan, bilinçaltını tetikliyor ve sonuca ulaşıyor. Hayal; aslında ilk adımı atmış olmak, bir alt yapı kurmuş olmaktır. Dünyada şu an gördüğün her şey önce bir hayaldi, sonra bir hedef oldu ve sonuç buldu.

Başka insanlar için yersiz ve gereksiz her fedakarlığında, paradan da uzaklaşmış olacaksın. Çünkü bunu yaparak değersiz oluyorsun, para da değersiz ruhu seçmiyor. Daha çok sevilmek için, "hayır" diyemez ve senden her istenileni yaparak önce kendi iç dünyanda değersizleşip, sonra da karşındaki için değersiz olursun. Kendin olamadan, istemediğin halde başkalarını kırmamak adına yaptığın her şey, senin enerjini tahribata sürükler. Zorunlu kalınarak yapılanlar bizi geriye atar. Varlığını bu şekilde hiçe sayarak, benlik sınırını korumadan kendin için sorun yaratmaya başlarsın. Bu değersizleşme süreci senden parayı/bolluğu da uzak tutar.

Bu âlemde kırıntı ile doyacak kuşlar yaşıyor, belki de onlar sabah gittiğimiz bir kafede yanımıza gelip bizden o kırıntıyı istiyor. O kırıntı onlara gün boyu yetebiliyor. Yani o kırıntı, aslında bir değer. Kırıntının bile önemli sayılması, değer görmesi, doğru yere ulaşması çok önemlidir. Hatalı harcama, israf, küçük görme gibi konulardan kendi bolluk frekansınız için uzak durun.

Bugün sonunda kazanacağın parayı mı düşündün, yoksa hep seni zorlayan faturalarını mı... Senin bolluk alanında kaderini gün içinde tekrar tekrar düşündüklerin belirliyor. Sistem; isyan ile işlemiyor, şükür ile işliyor. Tam olarak ve hep, sahip olacağın şeye odaklanman gerekir. Ayrıntıları ile o mutlu sonu tanımlaman gerekir. Sanki çoktan o şeye sahipmişsin gibi davranman, hissetmen gerekir. Ne zaman olur, nasıl olur, ya olmazsa...

Bunları asla düşünme! Şüphe katmadan, saf ve pür enerji ile odaklan konuya. İnandığın şeyi, zamanla dış dünyanda görmeye ve deneyimlemeye başlayacaksın. Hayatlarımızda tamamen "bilinçaltımızda tanımlanmış şeyler" gerçekleşip akıyor. O tohum ekilmediyse, o çiçek de açmıyor. O tohumu bir program yükler gibi sen, bilinçaltına yerleştireceksin. Sonuç mutlaka gelecek. Para ilişkilerinde, hep aynı durumlar tekrar ediyorsa, parası olmayan veya senin para akışına zarar verecek kişileri çekiyorsan: bilinçaltı kanalında para konunu şifalandırman gerekir. Kötü durumları sahiplenme, evet bunlar başıma geldi ama gelip geçecek de. Onlara mutlaka gideceği kesin olan ders veren misafir gözü ile bak.

Bilinçaltımız tekrara karşı duyarlıdır, duygu ve düşünceyi tekrar etmek en sonunda "bir kayıt oluşturmamızı sağlar". Senin dönüşüm için bilinçaltında aslında kim olduğunu bulman, dönüşüm için de bilinçaltınla bağlantı kurman gerekiyor. Bilinçaltı genelleme de yapar, bir kere bir şeyi yapıp para kazanırsan mesela, yine o şey tekrar edince para akışı olacağını kodlar. Bu durum adeta bir yazılım gibi işlenmiş olur. Birçok veriyi bilinçaltımız işler, kaydeder, bunların sonuçlarını bize sunar. Bilinçaltı şüphe duymaz, sorgulamaz, şakadan anlamaz. Hangi komut verildiyse onu alıp kullanmaya başlar.

ÇOK BEKLEME, SADECE UMMAK: SONUCA GİDEMEMEKTİR!

BİR ŞEY olsun istersen, onun peşinden koşma. O şey sende varmış gibi, seninmiş gibi yaşa. Ona sahip olduğunu düşle, bu yönde imgeleme yap ve kendi sesinle olumlama dinle…

Önce zihninde bunları netleştir. Sonra, arkası yaşamında sana çekilecek.

Allah, bazen senin planında önüne çok engel koyar, bu bazen bir sınanmadır yani geç verecektir. Bazen de hiç vermez, çünkü o sonucu elde etmenin aslında sana iyi gelmeyeceğini en iyi Allah bilir. Para bile sadece maneviyatla geleceği için, kişinin hırsla değil derinlikle konulara bakması gerekir. Bunu burada yazmam çok saçma gelebilir ama, yaptığım işten dolayı "parasızlıktan hem kurtulmaya çalışıyormuş gibi yapıp hem de aslında gizliden gizliye parasızlık içinde kalmayı zevke çevirmiş" çok insan tanıdım.

Herkes bu konularda destek almak istiyor gibi görünse de bazıları, paradan ve paranın vereceği güçten korkar, kendini o yere layık görmez. Bir acıyı, insan, yaşamında bulur, ortaya çıkarır, idrak eder. Fakat bu acıdan eninde sonunda kurtulmazsa, o kişi artık o acıyı sevmiş ve seçmiştir. O acı artık onun bir parçası olmuştur, onu kabul etmiştir, hatta zevk bile alıyordur. İnsan dönüşüm ve ilerleme için bu boyuta gelir, başınıza gelen bir olumsuzluğu sahiplenmeyin. Dönüşüm için devam edin şifalanmaya. BAŞARMIŞ OLANLAR, ARTIK BAŞARMAKTAN BAŞKA HİÇBİR ÇARESİ KALMAMIŞ OLANLARDIR. En dibe vurduysan, kendi en güçlü halinde o en dipte sana tanışma şansı verildi. Bu şans ile artık elde edeceksin sen de her şeyi…

GEZDİĞİN MEKANLAR, SANA BOLLUK ENERJİSİ YÜKLÜYOR MU?

Kötü, hayırsız, niyeti bozuk enerjili insanların çalıştığı veya bir şey üretip sattığı yerlere çok girip çıkmak, buralarda zaman geçirmek, buralara sık gidip o enerjilere ait olmak bizlere iyi gelmez.

Paran olduğu halde, paran yokmuş gibi "kendine, ruhuna, aura'na, bilinçaltına" yanlış sinyal verip, iyisi varken ucuz mekanları seçmen: seni zamanla bloke eder.

Kimi insan, bir restorana gider ve hemen menüye bakar ve "çok pahalı burası" der, bunun açılımı "ben buna layık değilim, benim bu kadar çok param yok, bu harcama bana uzak, ben azla yetinenim" demektir. Ağzımızdan çıkanlar dönüp dolaşıp bize geri geliyor, etki ediyor. Mekanlarla ilişkilerimiz bile bu bağlamda çok önemli.

Hiç param yokken veya az param varken bile "para enerjisi, bolluk enerjisi" veren mekanlarda olmayı seçerdim. Bu bir özenme, imrenme değildir. Çünkü imrenmenin içinde bile "azlık ve ulaşamama" vardır. Neyi hedefliyorsam oralarda olmayı seçmekti bu… Küçüktüm ve önemli bir sınava girecektim. Işık Lisesi'nde okuyordum ama burslu. Babam maddi sorunlar nedeniyle yurtdışından ülkemize dönemiyordu, bize de para yollayamıyordu. Bakkalda veresiye defterimiz vardı. Sabah evde peynir ekmek ne varsa veresiye defteri ile alınmış olurdu, onu yer ve evden çıkardım. Akşamüstü eve gelince yine aynı şeyleri yerdim. Okulda pek bir şey yiyemezdim. Durum buydu o zamanlar... O sınava girmeden önce annem yine evden küçük bir eşya satıp bana moral olsun diye beni bir gün önce bir yere bir şey içmeye götürmek istedi. Burası o zamanlar İstanbul'un en popüler oteliydi, fakat sadece 1 adet limonata içecek paramız vardı. Evde belki yemek yoktu ama "enerji anlamında" o gün oraya gidip o enerjiyi almak, orada olmak, minicik bir umut aslında varmış gibi davranmak çok önemliydi. İki kişi yürüyerek otele kadar gittik, sadece ben o limonatayı içtim. Çıktık.

Bu bir seçimdir, bir inanıştır, bir hedef koymadır, bir tür meydan okumadır. O para ile eve sebze de alınabilirdi ya da basit bir yerde bir çay da içilirdi. Biz orayı seçtik ama, "bir gün biz bu otelde kalabiliriz, sen bu sınavda başarılı olup kendine yeni kapılar açabilirsin" sinyaliydi aslında. Az paran varsa, az olarak kalsın istersen, o para ile az şeyler yapıp, devam edebilirsin. Ama unutma ki para parayı çeker. Hedefinde bolluk varsa, bolluk ve bereket enerjisinin dolaştığı yerlerde bulun. Bu bir manevi enerji yatırımıdır. Babam finansal hayatında hatalar yapmış biri olsa bile, çoğu toplantısını en lüks ve değer içeren mekanlarda yapardı. Aza kaçmak, azı çağırmaktır. Yaşam boyu, parası olduğu halde her şeyi pahalı bulan birçok insan tanıdım. Bunlar zamanla fakirleşti çünkü ruhları ve öz'leri fakirdi.

Bir gün benim ofisime, buzdolabını satıp seans parasını bu şekilde oluşturan bir kadın geldi. Kapıdan girişi bile adeta bir kahraman gibiydi. "Benim param yok ki ne seansı" dememişti, eşya satıp geleceğine yatırım yapacak kadar ruhunun özünde heyecanlı, güçlü ve bolluk dolu idi. Bu enerjideki insanlar hep başarır. Paranın dolaştığı yerlerde dolaş, parayı seven ve seçen insanları gözlemle, para kazanılan yerlerdeki enerjiden sen de faydalan, paranın döndüğü yerlerdeki tutum ve tavırlara bak, parası olmayan/parayı sevemeyenlerden nasihat alma.

Para ile ilgili korkuların, anne karnında ya da 7 yaşına kadar sende oluştu. Sen, para kayıt ve korkularında özünde bu dünyaya gelmedin. Yani bunlar sana sonradan yüklendi. Bilinçaltı, dua, olumlama, dönüşüm programları ile tüm bu kodlarını keşfedip dönüştürebilirsin. Bu kitap, bu anlamda sana rehber. Bunun yanı sıra para ve bolluk tılsım paketlerimiz, bilinçaltı dönüşüm seanslarımız da senin için…

PARAYI VE BEREKET AKIŞINI KESEN KORKU TÜRLERİ

DEĞERSİZLİK
GÜVENDE OLMAMA
YALNIZLIK KORKUSU
BAŞARI KORKUSU, BAŞARISIZLIK KORKUSU
SUÇLAMA, SUÇLANMA
DIŞLANMA KORKUSU
AYRILIK, AYRILIK KORKUSU
KAYBETME KORKUSU
YETERSİZLİK HİSSİ

Bilinçaltını yöneterek, bu his ve korkulardan kurtulabilirsin. İmgeleme ve olumlama yapmak da ek olarak büyük etki edecektir. Sana az para veren, az ödeme yapan, emeğini değersizleştiren kimseye veya bir koşula katlanma. Katlandıkça o az kazandığın para bile elinden gidecek… Çok büyük şeyler zamanla değil, aniden pat diye de olur. O nedenle umudunu kaybetme, bu dünyada her gün mucizeler yaşanıyor, birilerini buluyor. Seni de bulur ama önce inan.

Kader ve kısmet, cesuru ve harekete geçeni kollar…

YARGILAMAK AZALTIR, YARGILANAN OLMAK İSE ÇOĞALTIR…

Başka insanları yargılaman senden alıp ona vermendir, enerjiler dünyasına göre. Yargı bir güçtür, her yargılamanda o insana enerji ve bereket de katmış olursun. Mesela ünlü insanlar, hep ve daima asılsız da olsa yargılanır. Böylece daha çok ünlü olur, para kazanır, teklif alır, daha zengin olur. O konuşulmuş olur, yani enerji ve büyüme de ona geçmiş olur…

Eğer biri sizi yargılarsa, sizin de bolluğunuz artar.

Yargılamak, içten içe, evren ve enerjiler ile yapılmış bir anlaşmadır. İnsanları yargılamaktan kaçının. Yargılandığınız zaman ise, hele de siz haklıysanız sakın üzülmeyin. Bunun karşılığı size birçok şekilde, özellikle de para olarak gelecek.

Yargılamak: Para kaybı.

Yargılanmak: Para kazanmak.

Evren, bir yargı deposu gibidir aslında. Her gün birileri birilerini yargılar ve bu bir etki/enerji yaratır. Yargı; alma verme dengesi oluşturur. Yani senden çıkıp ona geçer, bolluk ve bereket. O nedenle birini yargılarken senden azaldığını, kendi bereketini kendi ağzınla bloke ettiğini sakın unutma. Birini eleştirmek, senin de kısmetini kapamandır. Azalmalar yaşar, şanssız olmaya başlarsın. Yargılanana ise evren destek olur, onu kollar ve ona bereket kapısı aralanır.

Evren ve enerjiler dünyası, haksızlığa uğrayanı tuhaf bir biçimde kollar. Sen onu boş bıraktıkça, evren onu kollar, korur, onu doldurur yani. Başına bir olumsuzluk gelip, haksız eleştiri alırsan ya da yargılanırsan: "Ben bunun ödemesini rica ederim, en kısa zamanda en bol miktarda, bana bu yapılanın ödemesini talep ederim. Aldım, onayladım, kabul ettim" de...

Sistemin çalıştığını göreceksin. Diyelim ki hiç mecbur olmadığın halde biri için aslında sana yük de olan bir şey yapıyorsun. Yine evrenle bir anlaşma yap; bu konu için bir ödeme iste, bu ödemenin seni bulmasını seç. Birinin güç ve parasını eleştirirsen, hem karma borcu yaratıp para kaybedersin hem de aslında sende para olmamasının altını çizersin. Bu da senin yine güç/para/bolluk kaybını oluşturur. İnsanlar ve onların yaşamları üzerinden "tepkin, lafların, tutumun, enerjilerin" ile bazı manevi anlaşmalar yapmış oluyorsun. Bunlar da hayatını etkiliyor...

Parayı talep edersen, para akışın olur. Parayı talep et tüm enerjinle…

"Beni kim ve neden, nasıl, ne şekilde yargılıyor/eleştiriyorsa, tüm bunlar için evrenden ödemelerimi talep ediyorum. Olabilecek tüm kaynaklardan, şimdi bana bu konularla ilgili para aksın" demeyi sık sık hatırla, bunu yap, tekrar et. Buna layık olduğunu bil.

"Ben artık, şimdi ve tüm zamanlara doğru yargılamaktan değil, parayı yaşamımda oluşturmaktan yanayım. Tüm eski ve enerjisi bitmiş, söz/düşünce/niyetlerimi iptal ettim. Kimi yargıladıysam geri aldım, özür dilerim. O enerji geçişi artık bende bitti" diyerek de konuyu mühürle.

Hayatında daha çok para istiyorsan, mutlaka bugün para vermeye, insanlara ve ihtiyacı olan yerlere para vermeye başla. Paran azsa bile ver. Verdiğin anda çoğaldığını göreceksin. Bir şey görünce, bir ürün veya para ile satın alınabilecek bir şeyden bahsedilince "param yok" ifadesini de kullanma. Ya yorum yapma, ya sadece dinle ya da olumlu konuş. İfadelerinde paran olmamasının altını çizme. İhtiyacın olmayan şeyleri satın alman ise, seni eşyaların kölesi yapar. Zamanla tekrar ihtiyacın olmayan şeyleri almaya başlarsın. Paraya saygılı ol, paraya değer ver.

SONUÇ OLARAK NELER YAPACAKSIN?

ŞÜKRET, şu an ne durumda olursan ol şükret.

Bilinçaltını tanı, paran yoksa açıklaması bilinçaltında. İster YouTube kanalıma göz at, ister kitaplarımdaki çalışmaları kendin yap, ister benden bilinçaltı dönüşüm seansı al.

Dua et. Dua en temiz enerjidir, dua ederek istenen para da zaten en hayırlı olandır.

Olumlamaları her gece düzenli dinle.

Para tılsımlarını kullan. Para tılsımları yüzyıllardır insanlığa gizemi ve şifreleri ile hizmet ediyor. Bizim örf ve âdetlerimizde de yeri var, tarihimizde de… İster bu kitaptakileri, diğer kitaplarımdakileri dene, ister sana özel benim hazırladığım paketlerden sipariş ver.

Ritüellere düzenli devam et. Bu senin bolluk akışını artıracak. Her ritüel senin ona yüklediğin anlam kadar çalışacak.

SEN, HAYATIN İÇİNDE GÖRÜNMEYEN O İNSANLARDAN OLMA. BOLLUĞUN VE BEREKETİNLE PARLA. ALLAH VE PARA, ASLINDA İNSANIN HAYATINDAKİ EN BÜYÜK İKİ DOSTTUR. ALLAH "EL-VEKİL" SANA TÜM GÜCÜ VE SEVGİSİ İLE ZATEN YETEN VE HEP YANINDA OLANDIR. PARA DA SEVGİNİN BİR YANSIMASI OLABİLİRSE SENİN İÇİN, PARAYI YAŞAMIN İÇİNDE EN DOĞRU AMAÇLAR İÇİN KULLANABİLİRSEN, O ZAMAN PARA SANA DOST OLUR. PARA, SENİN ONA YÜKLEDİĞİN ANLAMLARDIR…

4356 "EL-VEKİL" MUCİZESİ

Para ve bolluk getiren, özel bir okumadır.

Önce Ali İmran ve Tevbe Surelerini oku.

PARA VE BOLLUK adına dileğini tut, bir bardak suya 7 Karınca Duası oku ve iç.

24 saat içinde sadece niyetine odaklan ve 4356 kere EL-VEKİL esmasını çek.

EL-VEKİL ismi ile Allah, kulunun rızkına kefildir.

PARA VE İŞLE İLGİLİ "HABER BEKLEYENİN" DUASI

1000 defa YA HAKK esması oku.

Ardından Kehf Suresi 44. Ayeti 100 defa bir suya okuyup iç.

En sonunda da 1001 defa YA REZZAK de.

BOLLUK VE BEREKET TILSIMLARI

Tılsım, niyete girmek ve enerjiyi başlatmaktır. Tılsımların tarihi, insanlık tarihi kadar eskidir, köklü bir geçmişi vardır. Şifre, kod, dua, motif, Esmaü'l-Hüsna ve ayetlerden oluşan tılsım sistemi, her konu için ayrı şifreleme ile yapılır. Dinen caizdir çünkü dua içeriyor, her duanın tek muhatabı Allah olduğuna göre tılsımı kullandığında da sonuca Allah karar verecektir. Şirk asla değildir çünkü içeriği Melek adları, Allah'ın adları, Kuran'daki sure ve ayetlerin kodlanmış halleri olan bir sistem. Tılsımlar vardır ve gerçektir, bir sistem ve kodlama dahilinde oluşur. Kişiye özeldir tılsım; yani onu kullanan kişiyi tanır, bilir, elbette ki onun enerjisine uyumlanır. Tılsım, sen ona inandıkça ve beraberindeki uygulama ve duasını yaptıkça senin için çalışmaya başlar.

Türk tarihinde tılsımların önemli yeri vardır, hatta bu konu tüm dünyanın da ilgisini çekmektedir. Nasıl Osmanlı'da giyilen tılsımlı gömleklerimizi tüm dünya bugün hâlâ merak ediyor, inceliyorsa bizlere kalmış bu büyük ve önemli enerji mirasına bugün bizler de sahip çıkmalıyız. Selçuklu'dan Osmanlı'ya kadar uzanan bir anlamı, duygusu, derinliği, etkisi ve gizemi var tılsımların…

Tılsım hızlı etki eder ve bir enerjiyi başlatır. Durumu güçlü kılmak için manevi bir yola başvurmaktır tılsımı kullanmak. Osmanlı'da üzerinde ayet ve Esmaü'l-Hüsna bulunan tılsımlı gömlekle savaşa gidildiyse, günümüzde hedefi, dileği, niyeti için isteyen bu manevi yolu deneyebilir. Kitaplarımdaki ve kişiye özel paketlerimdeki tılsımlarla uzun yıllardır Türkiye'de ve dünyada yüz binlerce hatta milyonlarca insan sonuç aldı. Burada sonuca karar veren Allah'tır.

Tılsım, üzerine bulunduğu eşyayı, şeyi ve yeri tılsımlar, yani onu tılsımlı hale getirir. Anadolu'da bugün bu gelenek birçok yerde görülebilir. Aşk, para, şifa, niyet, kısmet ve her konuda insanlar tılsımların gücüne başvurmaktadır. Geçmişte kalmaması gereken, örf ve âdetlerimizde yeri olan bu sıra dışı ve çok özel yol, bugün de yaşamlarımızda bizlere destek olmaya hazır.

Tılsım; iyi şans getirir, engeli kaldırır, dilekleri gerçek yapar, şifa verir, enerjiyi yükseltir. Semai güçlerle temasa geçmektir tılsım; Mezopotamya'da, Eski Mısır'da, birçok din ve kültürde de yeri vardır. Bugün Anadolu'da yaşayan bir gelenektir, örf ve âdetlerde önemli yeri vardır. Tılsım bir kişiye aittir, kişinin enerjisini alır, herkese açılmaz ve anlatılmaz. Tılsımlar ve tılsım içeren kitaplar, kısa süre içinde sahibi olan kişinin enerjisine uyumlandığı için kitap ve tılsım, başkasına elletilmez. Muradına hızlı ermek isteyen zaten muradını sır tutmalı, bu konuları anlamayan veya inanmayan biri sana ne katabilir ki…

Tılsımlar, duadan oluştuğu gibi semboller, şifreler, mühürler de içerebilir. Tılsım, sahibi ile arasında görünmeyen ama çok etkili ve derin bir manevi bağ kurar. İnanç burada asıl etkiyi başlatır, sonuca zaten Allah karar verir. Haram olan büyüdür, büyü özgür iradeye etki eder. Tılsım, özgür iradeye müdahale etmez. Tılsım; olumludur, rahmanidir, yine Allah'tan istemektir çünkü içeriği zaten bellidir. Hak ve helal olanı isteyerek daima yola çıkılır tılsımlarda. Tılsımı yaparken ve kullanırken, niyet net ve berrak olmalıdır. Şüphe katmadan tam bir inanma ile yola çıkılmalıdır, duaları ve esmaları da tam okunmalıdır. Herkesle paylaşılmamalıdır. Binlerce yıldır, takılara, eşyalara, gömleklere, örtülere, kılıçlara, evlere yapılan tılsımlar, gizemli bir enerji ve kuvvetli, sırlı bir etkidir.

Tılsımlar uygulanırken ve yapılırken sizdeki "niyet" önemlidir… Ritüel, semboller, dua, enerji, esma ile çalışmaktır bu kadim sistem. Ona yüklenen inanç, sonucu getirecektir. Tılsımı aktif edip siz enerjiyi başlattığınızda, bilinçaltınıza da zaten komut gitmektedir. Bilinçaltı da inanmış olduğu şeyi, size çekmek için büyük çaba ile yola çıkacaktır. Yani hem tılsımın kendi şifresi ve etkisi hem de bilinçaltı gücü bir arada sonuca taşıyacak.

Seans ve kitaplarımla, sosyal medyada sizlerle paylaşmış olduğum tılsım, ritüel, formül ve dualarla yüz binlerce insanın hayatında somut ve net dönüşümler olmuştur. Yani enerji vardır, gerçektir ve yaşama etki eder.

RIZKI ARTIRAN TILSIM

Bu tılsımı kendi elinle çiz, tam ortadaki boşluğa 7 adet çörek otu koy ve cüzdanında sakla.

SIRLI BOLLUK TILSIMI

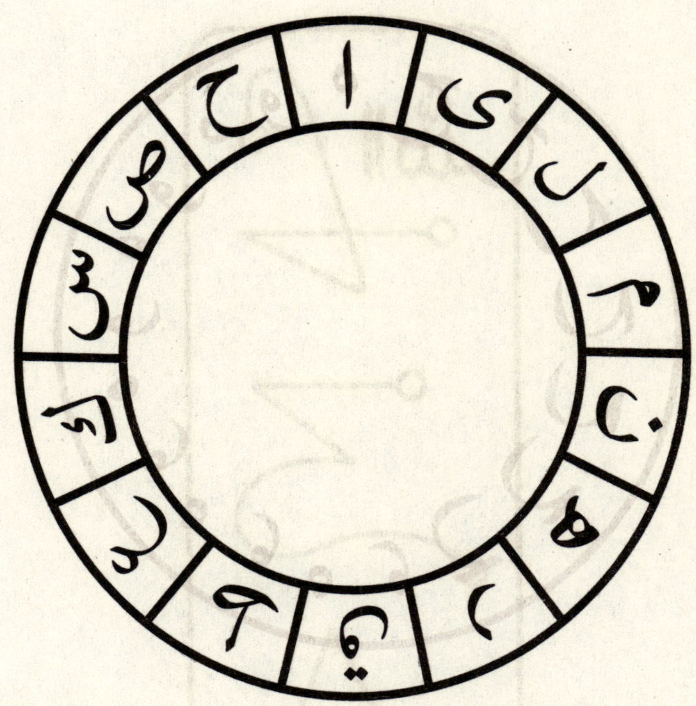

Bu tılsımı kendi elinle çiz, tam ortadaki boşluğa kendi fotoğrafını koy ve yatak odanda sakla.

PARA NİYETİ TILSIMI

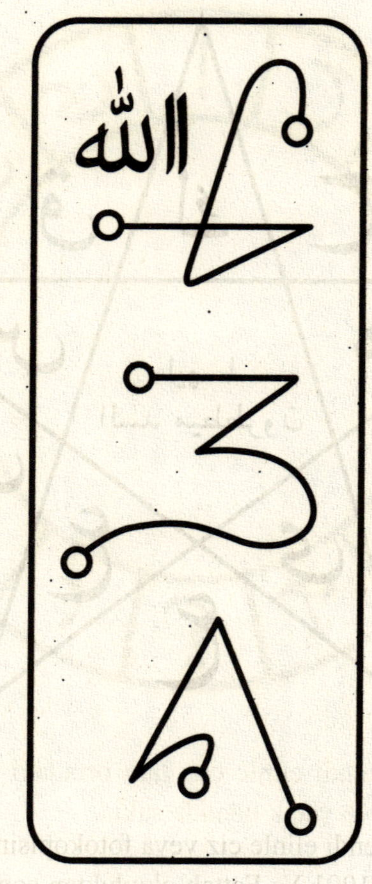

Bu tılsımı kendi elinle çiz. Sonra, para ile ilgili beklentini küçük bir kâğıda yaz ve kâğıdı bu tılsımın üzerine koy. 7 gece beklet, sonra hepsini cüzdanına yerleştir.

MUCİZE PARA AKIŞI TILSIMI

Bu tılsımı kendi elinle çiz veya fotokopisini çek. Üzerine Fetih Suresi ve 1001 Ya Fettah okuduktan sonra, ofisine as.

PARAYI ÇEKEN TILSIM

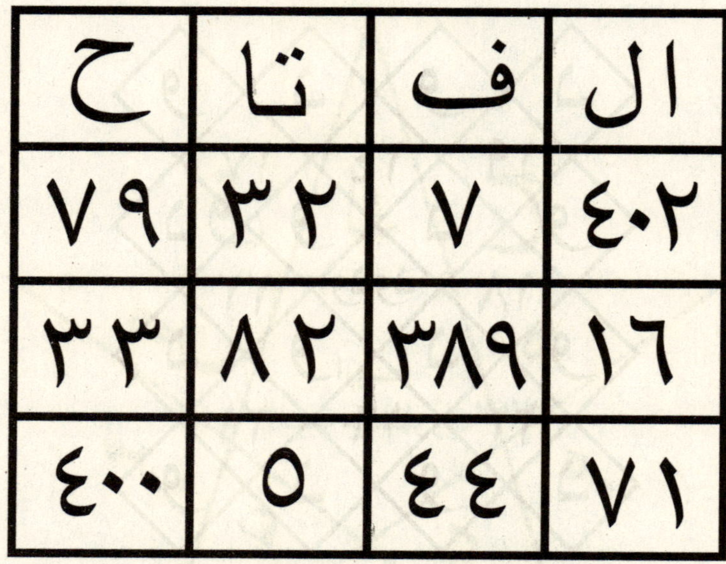

ح	تا	ف	ال
٧٩	٣٢	٧	٤٠٢
٣٣	٨٢	٣٨٩	١٦
٤٠٠	٥	٤٤	٧١

Bu tılsımı kendi elinle çiz veya fotokopisini çek. Üzerine 7 kere Kevser Suresi oku ve içine 11 adet pirinç yerleştirip cüzdanına koy.

RIZIK TILSIMI

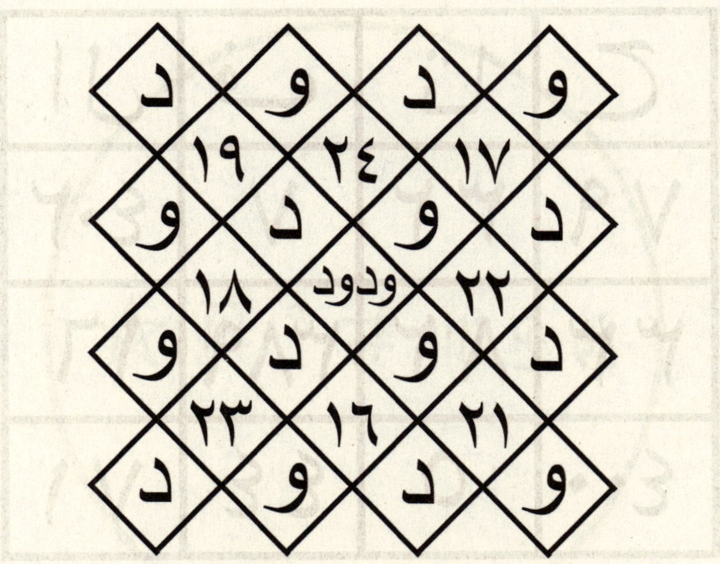

Bu tılsımı kendi elinle çiz veya fotokopisini çek. Üzerine 7 adet İsmi Azam duası oku ve 7 adet defne yaprağını içine yerleştirip evine koy.

BEREKETİ ARTIRAN TILSIM

Dairenin içindeki, üst ve alttaki boşluklara para niyetlerini kısa ve net olarak yaz. Üzerine Mülk, Fil, Kadir Surelerini oku ve 1000 adet Ya Rezzak oku. Bu çalışma bu şekilde kitapta kalacak.

PARA KAPILARINI AÇAN TILSIM

ح ح ح ح ح ح ح و ه و ه و ه و ه و ه و ه و ه

Bu tılsımı kendi elinle çiz veya fotokopisini çek. Üzerine 1 adet madeni para koy. Son olarak 18.000 tane El Bedii Esmasını oku. Niyet ettiğin rakama odaklan...

EVDE BOLLUK NİYETİ TILSIMI

١٤٦٠	١٤٦٥	١٤٧٢
١٤٧١	١٤٦٩	١٤٦٧
١٤٦٦	١٤٧٣	١٤٦٩

Bu tılsımı kendi elinle çiz veya fotokopisini çek. Evde sokak kapısının iç tarafına doğru, sol üst köşeye içine 21 adet Kureyş Suresi okuduktan sonra yerleştir.

ÇÖREK OTLU PARA TILSIMI

ا	ى	ل	ج	ح	م	ش	ا
ل	ج	ا	ى	ش	ا	خ	م
ج	ل	ى	ا	ا	ش	م	خ
ى	ا	ج	ل	م	خ	ا	ش

Bu tılsımı kendi elinle çiz veya fotokopisini çek. İçine 7 adet çörek otu koy. Üzerine 7 adet Kenzül Arş oku ve ofisine yerleştir.

HER GÖRÜNEN KÖKÜNÜ,
BİR GÖRÜNMEYENDEN ALIR...

Bugün hayalin olan, yarın gerçeğin olacak. Ve öyle de oldu.

EN DİPTEN ÇIKMAK için o veresiye defteri ile yaşadığım günlerden zirveye uzanan yolculuğumda, neler yaptıysam yani nelerle başardıysam hepsini bu kitapta seninle paylaştım. Şimdi sıra sende, sana inanıyorum. Başaracaksın. Bir de unutmadan, bugün sen de birinin veresiye defterini bir bakkala gidip o hiç bilmeden kapatırsan ne güzel olur değil mi...

Sevgimle...

MELEKLER ŞİFA LİSTEMİZ

Şifa sadece Allah'tan gelir.

Bizler, dünyaya daha çok ışık yaymaya çalışan spiritüel danışmanlar olarak kendi gücümüzün yettiği kadar Allah'ın izniyle, kanallık yaparak, inanç ve içsel gücümüz ile tanıdığımız tanımadığımız, dünyanın neresinde olursa olsun gerçekten ihtiyacı olanlara dua etmeyi, onları sevmeyi, ışık göndermeyi vazife ediniriz.

Melekler Şifa Listemiz; gerçekten çok zor durumda olanlar, hastalar, ağır koşullar içinde olanlar, çok büyük darbeler almış olanlar, engelli dostlarımız içindir. Kendi isminizi veya tanıdığınız yakınınızın ismini bu listeye yazdırabilirsiniz. Belirli zamanlarda toplu yapılan ve isteyen herkesin de "niyete girerek" kendi enerji, şifa ve sevgisini aktarabileceği bu çalışma, herkesin BİR olduğunu herkese yeniden hatırlatmak içindir.

Melekler Şifa Listemize göndereceğiniz isimler daha az önemli zorluklar içinde olmamalı, gerçekten ihtiyacı olan kişiler için düşünülmüş bir çalışmadır bu... Konuya göstereceğiniz hassasiyet için teşekkürler.

Hayatta en güzel şeyler hep bedavadır; sevgi gibi, şefkat gibi, merhamet gibi, aşk gibi...

Dünyanın neresinde olursanız olun, ışığımız size ulaşır.

Allah büyüktür, her şey sadece O'ndan gelir.

"Ya Şafi"

TUĞÇE IŞINSU İLE BİREYSEL SEANSLAR:

- REGRESYON- GEÇMİŞ YAŞAM ŞİFASI
- İLİŞKİ ŞİFALANDIRMASI
- BİLİNÇALTI DÖNÜŞÜMÜ
- BOLLUK & BEREKET ÇALIŞMALARI
- KİŞİYE ÖZEL SPİRİTÜEL DANIŞMANLIK
- KİŞİYE ÖZEL "AŞK-BAŞARI-DİLEK-BEREKET-HEDEF-BAŞARI-ŞANS" TILSIMLARI
- ENERJİSİ ÇALIŞILMIŞ KRİSTALLER

Randevu için: 0535 3079528
facebook.com/tugceisinsuOFFICIAL
instagram: tugceisinsu
twitter.com/TUGCE_ISINSU
tugceisinsu.blogspot.com.tr

TUĞÇE IŞINSU ESERLERİ

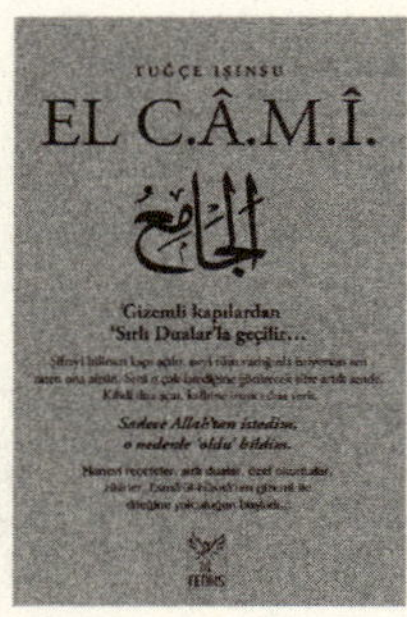

KART DESTELERİ